I0139691

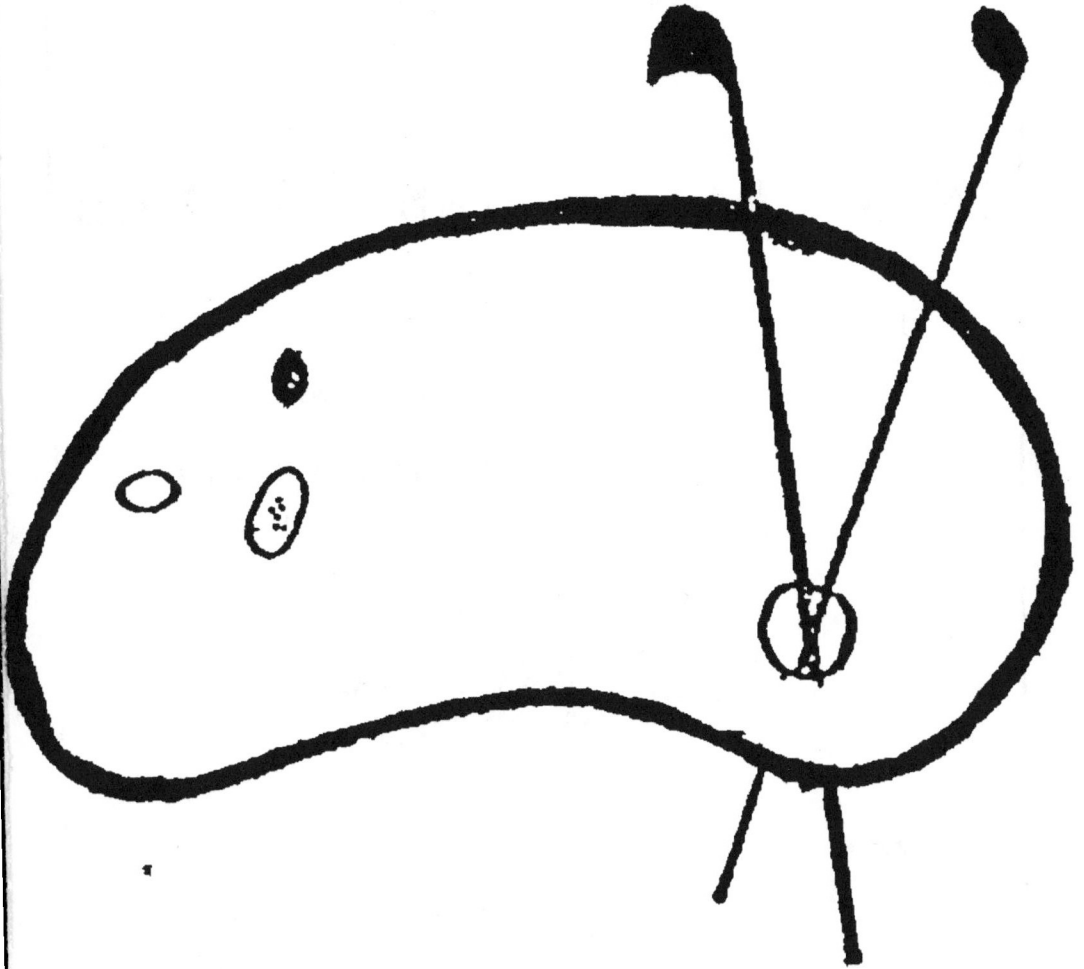

DEBUT D'UNE SERIE DE DOCUMENTS
EN COULEUR

POUILLÉ SCOLAIRE

OU

INVENTAIRE DES ÉCOLES

DANS LES

PAROISSES ET ANNEXES DE L'ANCIEN DIOCÈSE DE METZ

AVANT 1789 — DE 1789 A 1833

PAR

M. MAGGIOLO

RECTEUR HONORAIRE

NANCY

IMPRIMERIE BERGER-LEVRAULT ET Cie

11, RUE JEAN-LAMOUR, 11

1883

PUBLICATIONS DU MÊME AUTEUR

1830. Télémaque, italien français, 1er livre, traduction interlinéaire In-12.
1833. Instructions morales, lectures pour les écoles primaires. In-12
1833. Récréations morales à l'usage des écoles primaires. 2 vol. in 18.
1834. Livret des écoles ou abécédaire moral. In-12.
1834. Tablier moral In 12.
1835. Leçons de littérature et de morale à l'usage des écoles primaires supé
 rieures. 2 vol. in 18.
1835. Anthologie poétique italienne. In 12.
1836. Dante, 3 livres de la Divine Comédie, trad interlinéaire. In 12.
1839. Dom Calmet, abbé de Senones, sa vie et ses œuvres (couronné par l'Académie de Stanislas). In 8°.
1841. François Pétrarque (mémoire lu à l'Académie de Stanislas) Br. in-8°.
1843. La philosophie morale de Pétrarque, de vera sapientia. In-8°.
1843. De senatu romano (thèse latine) In 8°
1846. Dante, de vulgari eloquentia In-8°.
1846 à 1870. Recueil d'allocutions et discours prononcés aux distributions de
 prix des écoles primaires, des collèges, des lycées, à la rentrée des Fa
 cultés de l'Académie de Nancy. 2 vol. in 8°
1856 à 1870 Direction d'un bulletin mensuel d'instruction primaire dans la
 Meuse et dans la Meurthe. — Conférences — Règlements — Instruc
 tions — Statistique scolaire. — Circulaires aux instituteurs et aux
 délégués.
1861 à 1869 Rapports et tableaux récapitulatifs et comparatifs sur la situation
 de l'instruction primaire dans le département de la Meurthe. 9 bro-
 chures in 8°.
1863. Pétrarque. — Étude sur le traité de contemptu mundi. In-8°.
1863. Dom Calmet, sa correspondance inédite (mémoire lu en Sorbonne).
 In-8°.
1863 à 1866 L'Université de Pont à Mousson. — Pièces d'archives et documents inédits (mémoires lus en Sorbonne) 4 vol. in 8°.
1867. Conférences pédagogiques faites aux instituteurs reunis en Sorbonne.
 In-12
1868. De la condition du maître d'école en Lorraine, avant 1789 (mémoire lu en
 Sorbonne). In-8°.
1873. La vie et les œuvres de l'abbé Grégoire, évêque constitutionnel de Blois.
 In 8°.
1874 Pièces d'archives pour servir à l'histoire de l'instruction publique en
 Lorraine (mémoire lu en Sorbonne). In 8°.
1875 L'instruction publique dans le district de Lunéville, 1789-1802 (mémoire
 lu en Sorbonne). In-8°.
1876 Les archives scolaires de la Beauce et du Gâtinais (mémoire lu en Sorbonne) In 8°.
1877. Du droit public et de la législation des petites écoles, de 1789 à 1808 (mémoire lu en Sorbonne). In 8°.
1878. Statistique rétrospective — État comparatif indiquant, par département,
 le nombre des conjoints qui ont signé l'acte de leur mariage aux xviie,
 xviiie et xixe siècles. In 4°
1879. De l'enseignement primaire dans les hautes Cévennes, avant et après
 1789 (mémoire lu en Sorbonne) In 8°.
1880. Pouillé scolaire ou inventaire des écoles dans les paroisses et annexes du
 diocèse de Toul, avant 1789, de 1769 à 1833. In 8°.

N. B On trouve à la librairie Berger-Levrault et Cie des exemplaires de celles
de ces publications dont l'édition n'est pas épuisée.

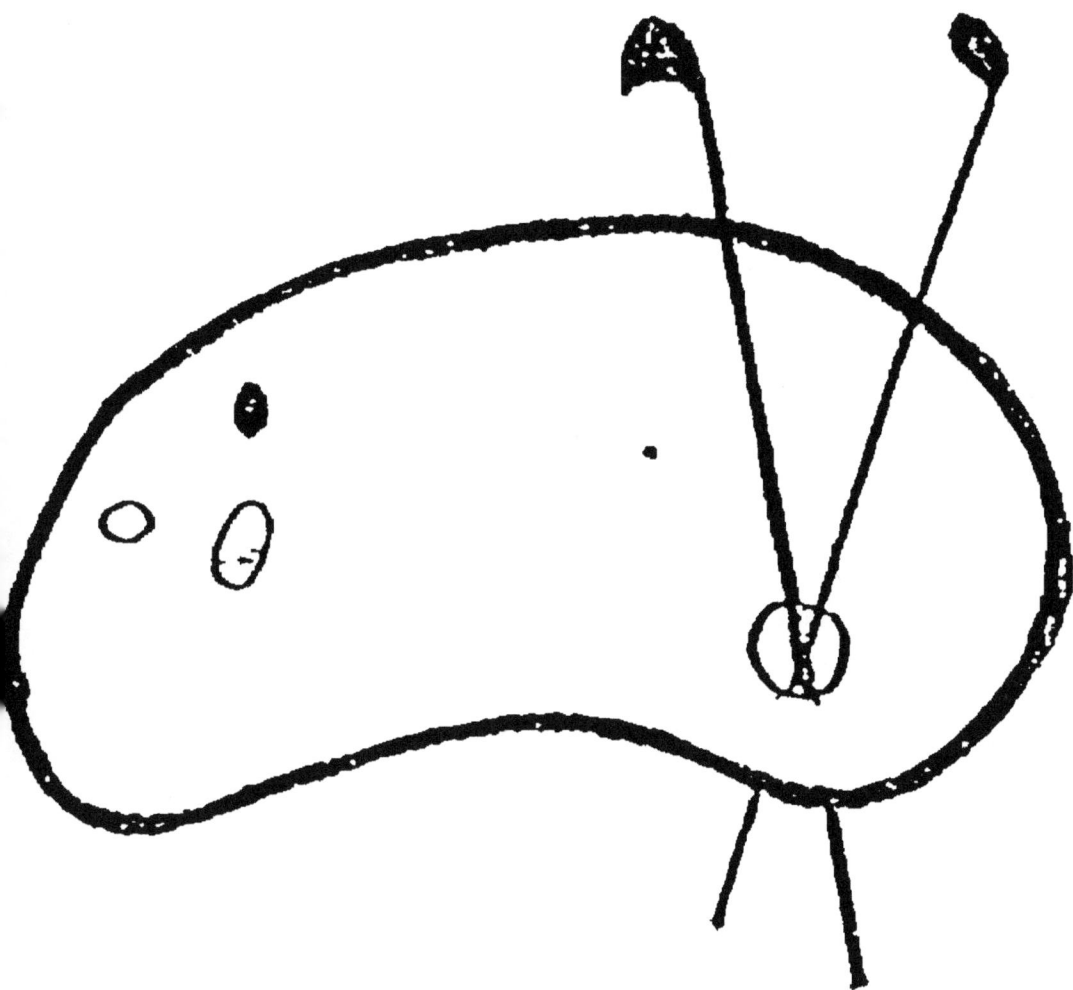

FIN D'UNE SERIE DE DOCUMENTS
EN COULEUR

POUILLÉ SCOLAIRE

OU

INVENTAIRE DES ÉCOLES

DANS LES

PAROISSES ET ANNEXES DE L'ANCIEN DIOCÈSE DE METZ'

AVANT 1789 — DE 1789 A 1833

NANCY, IMPRIMERIE BERGER-LEVRAULT ET Cⁱᵉ

POUILLÉ SCOLAIRE

OU

INVENTAIRE DES ÉCOLES

DANS LES

PAROISSES ET ANNEXES DE L'ANCIEN DIOCÈSE DE METZ

AVANT 1789 — DE 1789 A 1833

PAR

M. MAGGIOLO

RECTEUR HONORAIRE

NANCY

IMPRIMERIE BERGER-LEVRAULT ET Cie

11, RUE JEAN-LAMOUR, 11

1883

POUILLÉ SCOLAIRE

OU

INVENTAIRE DES ÉCOLES

DANS LES

PAROISSES ET ANNEXES DE L'ANCIEN DIOCÈSE DE METZ

AVANT 1789 — DE 1789 A 1833

I. Le plus important, le premier des suffragants de l'archevêché de Trèves, le diocèse de Metz, à son origine, représente la cité gallo-romaine des *Mediomatrici*. Ses limites sont, au nord, le diocèse de Trèves (*civitas Trevirorum*) ; à l'est, le diocèse de Strasbourg et la province ecclésiastique de Mayence; au sud, le diocèse de Toul (*civit. Leucorum*) ; à l'ouest, le diocèse de Reims (*civit. Remorum*), et le diocèse de Verdun (*civit. Virodunum*). Les invasions, les guerres de religion, les épidémies déterminent de fréquents changements dans le nombre des paroisses et leur répartition dans les archiprêtrés. En 1544, le diocèse comprend 4 archidiaconés (Metz, Marsal, Vic, Sarrebourg), 22 archiprêtrés, 548 paroisses ou annexes. En 1607, les 4 archidiaconés ne comptent plus que 20 archiprêtrés et 469 paroisses. Sarrebourg n'a plus que 4 archiprêtrés grandement mutilés ; les hérétiques occupent les autres ; 16 paroisses de celui d'Hornebach n'ont plus de curé. « *Defecerunt a fide.* » En 1767, il y a 596 paroisses ou annexes.

II. Le traité de Munster (1648) réserve les droits de l'archevêque de Trèves sur l'évêché de Metz, qui comprend, dans les duchés de Lorraine et de Bar, 8 bailliages (Château-Salins, Nomeny, Bitche, Sarreguemines, Dieuze, Lixheim, Fénétrange, Thiaucourt), et une partie des bailliages de Nancy, de Lunéville, de Blâmont, de Pont-à-Mousson, de Saint-Mihiel, de Briey, de Bouzonville. Placé, en 1790, dans l'arrondissement métropolitain de Reims, le diocèse devient, en 1802, suffragant de l'archevêché de Besançon ; il comptait, en 1870, 4 archidiaconés, 24 archiprêtrés, 614 paroisses ou annexes. En 1880, il compte 4 archidiaconés, 34 archiprêtrés, 614 paroisses ou succursales, en plus 7 chapelles vicariales, 2 annexes vicariales, 52 annexes, avec binage. Sa population officielle est de 471,464 habitants répartis en 746 communes.

PREMIÈRE PARTIE

Index des sources consultées. — Leur importance relative.

CHAPITRE I.

ARCHIVES.

1. *Archives du département de Lorraine, à Metz.* — Les séries G. et H. renferment de précieux renseignements pour l'histoire des écoles, des abbayes, prieurés, maisons-Dieu, congrégations d'hommes et de femmes, séminaires (G. 1,441-1,903) ; des églises paroissiales (G. 1,904-2,515). Le 12 septembre 1793, on a détruit, en grand nombre, des nobiliaires et des registres de comptabilité des églises. Le fonds de l'intendance n'est pas complètement exploré ; il n'y a ni procès-verbaux d'adjudications, ni devis de constructions d'écoles, ni rapports des subdélégués. Le duc Charles, à la requête du cardinal de Guise, 4 décembre 1571, autorise les archiprêtres et doyens ruraux à faire la visite des paroisses ; les procès-verbaux qu'ils ont dressés sont disséminés dans les liasses des divers fonds. Les rapports sur l'aptitude des élèves des collèges et séminaires, les états nominatifs des boursiers,

les certificats de bonne conduite et d'études des
élèves, les demandes d'admission, les lettres y relatives, et surtout les procès-verbaux d'examen pour
la réception dans les communautés de femmes,
offrent, de 1638 à 1789, des renseignements du
plus haut intérêt.

La série G. (16, 17, 18, 19) comprend 4 pouil-
lés, de 1402 à 1767; celui de 1767, rédigé par
Ph. Colson, chantre et régent de Saint-Privat,
contient l'indication des paroisses avec mention
et nom des curés (G. 115-145); installation du collège; requêtes et suppliques des catholiques et des
réformés au duc d'Épernon, au roi, 1605 à 1644
(G. 510); 1687, lettre de l'évêque à Louvois pour
que les « nouvelles converties ne soient pas obligées
de passer leur vie dans un couvent, mais rendues à
la liberté, après un séjour de 6 mois ». De 1789
à 1804, les documents sont conservés avec soin ;
on y trouve des inventaires, des procès-verbaux
de vente des monastères, des maisons d'école, des
actes des jurys d'instruction, etc., etc.

2. *Archives municipales.* — L'évêque Bertram, au
XIIᵉ siècle, autorise chaque paroisse à posséder une
arche (*arca*), coffre en bois bardé de fer, pour y
enfermer les chartes, les titres et les registres. Le
cabinet des manuscrits de la bibliothèque possède,
sous le titre de *Pouillé général et raisonné du diocèse,* un recueil in-folio de 663 pages provenant de
la collection de D. Tabouillot (1760); — 2 porte-

feuilles, in-folio ; — des cartons remplis de pièces relatives aux écoles ; — des registres des actes de l'état civil (baptêmes, mariages, décès), — de la comptabilité dés fabriques (G. 550 à 843), — des hôpitaux, bureau des pauvres (G. 309 à 320), — des collèges, des écoles, des églises réformées (G. 940 à 1,121). Les délibérations relatives aux institutions scolaires de la ville (1789 à 1870) sont nombreuses et bien classées.

3. *Archives de Meurthe-et-Moselle*. — L'état du temporel (B. 297.) m'a fourni, pour les archiprêtrés de Mousson, de Nomeny, de Gorze, de Sarrebourg, des données statistiques sérieuses. Un registre n° 11 (B. 298) indique l'état des prieurés et bénéfices du diocèse ; j'y ai compté les signatures des notables sur les procès-verbaux et aussi celles des miliciens désignés par le sort, de 1751 à 1754 (B. 253).

Trésor des chartes, layettes de Sarbruch, déclaration des rentes et revenus des églises et collégiales de Saverden, de Sargueminde, de Dieuze, des abbayes et chapitres sous les bailliages d'Allemagne et pays Saulnois, à la fin du xvi° siècle ; — fonds de la collégiale de Fénétrange, — des abbayes de Salival, de Haute-Seille, des prieurés de Salonne, de Viviers, de Charnoy. — Le fonds de l'intendance est riche : éducation publique (C. 314), enquête de 1779, rapports des subdélégués de Château-Salins, de Nomeny, de Bitche, de Sarreguemines, de Bouzonville, de Dieuze, de Blâmont, de Saint-Mihiel et de Briey. Je n'ai pas encore trouvé les rapports des subdélégués des autres bailliages, mais j'ai dépouillé les registres et les liasses contenant les délibérations, tableaux, procès-verbaux d'examen, actes des jurys, etc., etc., relatifs à l'instruction publique, dans les districts de Château-Salins, Dieuze et Sarrebourg, de 1789 à l'an IV.

4. *Archives des communes.* — Comme aux diocèses de Toul et de Verdun, la mine est féconde ; il y a des registres dont l'exploration est pénible, dispendieuse, dans les communes devenues allemandes ; il me faudra du temps et de nombreux voyages pour compléter les renseignements acquis.

CHAPITRE II.

MANUSCRITS.

1. *Chronique de Philippe de Vigneulle.* [Mss. de la bibl. d'Épinal (¹).] « En nom de Dieu, sans lequel nul ne peut faire ne dire chose qui soit de vallue... et à l'honneur de la noble cité et des bons Seigneurs et recteurs d'icelle, Phillippe, marchant et citain de Metz, entreprend de dire, traicter et

(¹) Découvert, en 1834, par M. Huguenin, ce manuscrit a été publié, en 1838, sous le patronage de l'Académie et de la municipalité de Metz

raconter l'histoire de cette ville, anciennement chief du roiaulme d'Austrasie, qui maintenant est Lorraine. » Du xie au xvie siècle (1525), il n'oublie rien de ce qui concerne les églises, les monastères, les écoles ; il en donne la liste chronologique, ainsi que celle des maîtres échevins depuis 1170, « où fust faict et créé le premier maistre échevin, qui jamais fust en Mets » (1356). A l'occasion de l'entrée de l'empereur, reçu « à la grande église, avec grosse triumphe et mélodieuse noblesse de chantres et d'orgues », il donne l'état des monastères et leur ordre de préséance. — 1406. A la suite d'une mutinerie de la commune, 31 des plus mutins furent noyés au pont des Morts; dans la liste, je trouve plusieurs clercs : « le novel maistre Jehan et l'escripvain Darcy ». — 1475, 18 janvier. Cérémonie funèbre : « il y avoit tout devant 60 torches et les cordeliers, après les carmes, les augustins, les prescheurs, Saint-Clément, Saint-Symphorien, Saint-Arnould, Saint-Vincent, les curez et chappelains, les chanoines de Saint-Thiébaut, de Saint-Sauveur, ceux de la grande église, l'abbé de Justemont. » — 1481. Visite et réforme des monastères par l'évêque. — 1485 à 1491. Récits animés des jeux et représentations de théâtre. — 1499. « Les jeunes clercs, au palais de l'évêque, représentent une comédie de Térence, « dont on fust fort surpris. »

Philippe déclare qu'il « a quelque peu recueillis et réduits avec d'autres, les travaux *d'un très*

éloquent *homme, saige et entendu, Jéhan Aubrion,*
l'escripvain, ̄citain de Mets, qui a mis en mémoire
une grande partie des choses advenues, de 1464 à
1500. » Il y a plusieurs manuscrits du « Journal de
Jehan Aubrion, avec sa continuation par Pierre
Aubrion, de 1465 à 1512. » La bibliothèque impériale à Vienne, celle de Sainte-Geneviève à Paris,
celle d'Épinal en possèdent chacune un exemplaire,
celle de Metz en a deux. On lit sur le folio de
garde de l'un : « Ce manuscrit est pour être envoyé
au R. P. Calmet, qui doit me rembourser 42ˡ, que
j'ai payé à l'abbé Lebœuf. »

Il m'a paru utile de comparer les récits des
Aubrion et de Philippe avec ceux de Paul Ferry,
dans ses observations séculaires, du doyen de Saint-
Thiébaut, dans ses annales; la couleur, le ton,
diffèrent, mais le fond est le même; partout, j'ai
trouvé, ce que je cherchais, la trace des écoles, le
nom des maîtres, leur influence sur les choses de
l'intelligence.

2. J'ai consulté utilement, à Paris, des manuscrits relatifs à l'histoire de l'évêché de Metz, dont
plusieurs fort importants, savoir : à la bibliothèque
de l'Institut : « 1539. *Liber omnium beneficiorum*
civit. et diœc. Metensis » (331 Mss. de Godefroy) ; à la
Bibliothèque nationale : « 1544. *Copia extracta per*
me clerum episcopalem Met... a quodam polione »
(n° 12,865). — 1642. Pouillé de l'évêché... ainsi
rédigé par L. Machon, arch. du Port (n° 12,864).

— 1606. « *Totius diœcesis paroch. eccles. et ann...
in ultima visitatione a R. d. de Beschamps... arch.
Sarburgi et can. de mandato et commissione... Caroli
a Lotharingia cardin. facta* » (n° 12,866); un cartulaire de l'évêché (fonds franç., 10,021); un cartulaire du chapitre (10,021); les constitutions de ce
même chapitre (10,022); un obituaire de N.-Dame
(10,025); un *Synodus Metensis* (13,763); des mémoires, des titres, des registres, des inventaires
(n°ˢ 3,090 — 3,188 — 4,467 — 9,428 — 11,841 à
11,846 — 13,896 — 16,896 — 18,850 à 18,855
— 19,839).

CHAPITRE III.

IMPRIMÉS.

1. 1633. « *Statuta Synodi diœc. Met. a M. Meurisse...habita...* »

2. 1634. *Histoire des évêques de Metz,* par Meurisse (1 vol. in-fol.), de 950 à 1200. Influence des
évêques sur les écoles, institutions monastiques.

3. 1670. *Histoire de la naissance, du progrès,
de la décadence de l'hérésie,* par Meurisse (1 vol.
in-fol.). Écoles protestantes, état des petites écoles
et du collège, arrêts du roi...

4. 1671 - 1679 - 1688. *Synodes diocésains* par

Mgr d'Aubusson de la Feuillade, imprimés par Brice. — 1699. *Codex selectorum canonum eccl. Met. quos observari mandavit... Car. de Coislin... in Synodo Met. congregata, die mercurii 1ª julii.*

5. 1713. *Rituale Metensis.* 3 parties in-4° (latin-français-allemand). « *Registri seu libri in quibus describuntur... ea omnia quæ parochiam spectant... de scholis, de ludi-magistri... vita et moribus... An scholæ magister, magistrave sint in parochia? an docti et approbati? quibus moribus? an assidue scholis incumbant? an pueri et puellæ in eadem schola doceantur, an separatim? an magister aliquam artem profiteatur, quæ suo muneri non congruat? an pueri mane et vespere Deum orent, sive in ecclesia, sive in schola? an preces, catechismum, modestiam, orthographiam edoceat...? an officio ecclesiæ inserviat tunica talari et superpelliceo indutus?... Quot sint pueri qui... scholas frequentant, quot qui non frequentant, etiamsi idonei sint ut doceantur? An hieme vigiliæ fiant ubi cum puellis et feminis viri et juvenes simul vigilent.* » Chaque année, le curé doit visiter toutes les familles de sa paroisse et s'informer si l'on prend soin de l'éducation des enfants.

6. 1726. D. Beaunier, *Recueil chron. et topogr. des archevéchés et évéchés de France* (2 vol. in-4°, Paris).

7. 1752. Dom Calmet, *Hist. de Lorraine* (7 vol. in-fol.), *Bibliothèque Lorr.* (1 vol. in-fol.), *Notice* (2 vol. in-fol.). Avec le concours des bénédictins de

la province, Calmet a rassemblé et publié les chartes, les titres de fondation des églises, des abbayes, des chapitres ; il a établi la série des évêques, des abbés ; il a dressé l'inventaire des biens, des revenus, des bibliothèques, des maîtres, le texte de la règle de l'évêque Chrodegand, la charte de l'évêque Adalbéron Ier. — École épiscopale. — Cartulaire de l'abbaye de Saint-Pierre. — 1198. L'évêque Bertram voit avec douleur « que les personnes de l'un et de l'autre sexe *lisent, retiennent, expliquent* les livres de l'Écriture traduits en langue vulgaire... » — Règlement pour le chapitre. — Liste des maîtres illustres des abbayes. « Partout on prenait soin de l'instruction des jeunes enfants, ce qui n'empêchait pas d'y enseigner les sciences les plus difficiles. » Au XIIIe siècle, le but est rempli, « il y a partout des écoles, où les enfants des plus chétives conditions se peuvent facilement instruire ; les conciles, les synodes n'insistent plus, comme aux VIIIe, IXe et Xe siècles, sur la nécessité de créer des écoles. » — 1437, 7 janvier. Les notables bourgeois rapportent les privilèges accordés à la cité par l'Empereur, « scellez un sceau d'or pesant 32 ducats environ ». La commune est affranchie. — 1548. *Histoire de l'hérésie.* Synode à Trèves. Statuts relatifs aux maîtres et aux écoles : « Il y a eu des ruines matérielles, des doctrines erronées, malsaines ; il faut réformer les études, former de bons maîtres surtout. » — 1552. Sécularisation de l'abbaye de Gorze.

— 1630. Fondation, charges du collège de Bouque-non. — Biographies des hommes célèbres dans les sciences, les lettres, les arts, et aussi *Histoire des écoles de la Lorraine mosellane.*

8. 1772-1782. *Histoire générale de Metz,* par des religieux bénédictins (6 vol. in-4°). Prérogatives des druides, leurs collèges; l'origine, les phases diverses des monastères d'hommes et de femmes.

9. 1761. D. Cajot, *Antiquitez de Metz,* in-8°.

10. *Pouillé de l'ancien diocèse de Metz,* par H. Lepage (1 vol. in-8°, 1872).

DEUXIÈME PARTIE

CHAPITRE Ier.

ARCHIDIACONÉ DE METZ. — *(Pagus et comitatus Metensis.)*

— 1. ARCHIPRÊTRE DE METZ. 18 p^{es}, dont 3 rurales. — Je résume, dans une notice spéciale (3e *partie*), l'état des institutions scolaires dans la ville épiscopale, de 247 à 1833.

VALLIÈRES. — 1700 Coll. le ch^e.

SAINT-BAUDIER. — 1194. L'abbaye de Saint-Mansuy obtient la desserte de l'église.

— 2. ARCHIPRÊTRÉ DU VAL-DE-METZ

AUGNY. 350 feux. — 1056. P^{re} de Saint-Benoît. — 1178. Une bulle autorise les religieux à faire le service de l'église. — 1560. Lefebvre et Lassale, maîtres-écrivains.

CHAILY-SAINT-GERMAIN. 260 f. — 1092. P^{re} de Saint-Benoît — 1178. Les religieux font le service de l'église.

Jouy. *388 f. — 1562. Éc. prot.

Lessy. 200 f. — 1563. Éc. prot. — 1739. Lemaire, Me d'éc.

Lorry-devant-Metz 360 f. — 1563. Éc. prot. — 1811. Jean Mathis, sous-instituteur.

Rozérieulles. 260 f — 1122. Pse de Saint-Benoît.

Scy. 270 f. — 1563. Éc. prot.

Woippy. 324 f. — 1811, 1er décembre. Acte signé par 17 h. du hameau de Thury : « Considérant que l'instruction est une des affaires les plus majeures, que le moindre retard ne peut que nuire et préjudicier à la jeunesse, nous nous sommes empressés de choisir Jh Mathieu, qui s'est présenté, connaissant sa bonne conduite, la régularité de ses mœurs, la parfaite connaissance qu'il a d'enseigner.... Il lui sera délivré par chaque laboureur, une quarte de blé, les veuves une 1/2 quarte, les manœuvres 2 bichets et 1/2 payables, la moitié à la Saint-Martin, l'autre à Pâques. . Il instruira la jeunesse de son mieux, conformément à l'université impériale... L'école sera ouverte au jour jusqu'à 11 heures, et de 1 heure jusqu'au soir... Il lui sera payé par écrivain 2l,15s et par ceux qui n'écrivent pas 2l,5s. » Cet extrait prouve qu'on n'a pas oublié les anciens usages, si le hameau a une école, il est bien certain que la commune n'en manque pas.

3. Archiprêtré de Noisseville.

Courcelles. — 1571. Temple réformé autorisé par édit royal.

Pontoy. 280 f. — 1747. « La maison d'éc. est à côté de l'église, dans la plaine du Sablon. » — 1767. Ph. Colson, chantre et Me d'éc.

Retoofey. 360 f. — 1563. Éc. prot.

Sainte-Barbe. 300 C — 1210 Pse de Saint-Benoît. — 1611. Jugement rendu par Fr. Fuzilier, écuyer, licencié ès droits, bailly du che, condamnant G. Chanvier, échevin de justice dudit lieu, à l'amende pour avoir traité J. Gossin, Me d'éc., de « menteur, bougre, méchant homme ». (G. 795) — 1632, 22 avril. Le che donne au Pse l'église, quelques maisons et héritages, à charge d'y entretenir 10 religieux. — 1676. Boucher, chantre et Me d'éc., « réclame restitution des fruits d'un pommier, que Guillaume, marg. de l'église, prétend lui appartenir ». Saint-Aignan. — 1564. Éc. prot.

CHAPITRE II.

ARCHIDIACONÉ DE MARSAL. — (Les *pagi Salinensis-Nitensis-Judiciasensis-Moslensis*.)

— 1. ARCHIPRÊTRÉ DE MARSAL.

AMENONCOURT. 227 h. — 1690 (¹) Résignation de la cure entre les mains de l'abbé de Saint-Sauveur. « Les Templiers, auxquels MM. de Malte ont succédé en bonne partie, avaient une maison très bien située, entre Amenoncourt et Autrepierre (H. 1,424). 9 — 8 — 7 (²) — 8 — 8 — 8 — 1790. Jⁿ Jacquet. 7 gˢ, 12 fˢ. — 1793. Réunie à Avricourt ou plutôt supprimée.

ARRACOURT 500 C. — 1663. — 66 — 60 — 44 — 73 — 71 — 69 — An III. Picquard.

ATHIENVILLE. 200 C — 1685 — 8 — 6 — 4 — 8 — 8 — 8.

AUTREPIERRE. 142 h. — 1759. — 9 — 9 — 10 — 9 — 8. — 1790. Jacquemin 26 gˢ, 15 fˢ. — 1793. Réunie à Avricourt, distant d'une lieue.

BEZANGE-LA-GRANDE. — 1665. — 13 — 12 — 8 — 13 — 11 — 11. — An III. Marchal.

BLANCHE-ÉGLISE. 184 h. — An III. « Personne ne s'est présenté. »

BLÉMEREY. 153 h — 1779. 9 — 8 — 7 — 15 — 14 — 13. — 1790. Masson. 12 gˢ, 11 fˢ. — 1793. Réunie à Herbéviller, 1 lieue et demie.

BOURDONNAY. — 1789. — An III. Coutret et Fr. Gadiat.

BURES. 115 C. — 1788. An III. Fourquignon.

DOMJEVIN. 260 C. — 1753. — 9 — 8 — 7 — 16 — 15 — 14.

DONNELAY. An II. « Il ne se présente personne » — An III, 1ᵉʳ mess. Germain.

EMBERMÉNIL. 340 C. — 1570. Déclaration des menus cens en argent, en poules et chapons, dus à l'abb. de Domèvre (H. 129) qui, en retour, doit fournir aux Mᵉˢ d'éc des 21 Pˢ, du blé pour l'écolage des pauvres. — 1710. École. — 1750. Pédagogie. Le curé y reçoit des enfants des familles riches et aussi le fils d'un pauvre tailleur de Vého, Grégoire Henri. — 1782. L'abbé Grégoire, curé de la Pᵉ, s'occupe activement

(¹) La date qui suit le nom de la paroisse indique l'époque où je constate l'existence d'une école.
(²) Le 1ᵉʳ chiffre indique le nombre des mariages, le 2ᵉ le nombre des époux, le 3ᵉ le nombre des épouses qui ont signé — Lorsqu'il y a 6 chiffres, les 3 premiers donnent les mariages de 1786 à 1790, — les 3 autres les mariages de 1815 à 1820

de l'éducation; il donne à la fabrique une bibliothèque, dont j'ai retrouvé au presbytère le catalogue et plusieurs ouvrages. — 1825. Il lègue à Vého et à Emberménil, 12,000 fr. pour entretenir les tombes de ses parents et payer les mois d'école des enfants pauvres, leur fournir livres et papier. — Un examen personnel des arch. c. m'a donné les chiffres ci-après (1784-1790) 14 — 14 — 13. — (1799-1811) 36 — 34 — 34 — 142 témoins signent, 4 font une croix — (1816-1820) 11 — 11 — 9 — 9 — (1872-1876) 13 — 13 — 13. — (1784-1791) 74 baptêmes, 233 signatures, pas une croix[1]

GOGNEY. 196 h. — 1770. — 7 — 6 — 2 — 6 — 5 — 4 — 1790. Boudot. 18 gs, 18 fs. — 1793. Réunie à Foulcrey.

HÉNAMÉNIL. 300 C — 1780 — 17 — 15 — 10 — 26 — 26 — 25.

JUVELISE. — An III. Mottin.

LAGARDE. — An III. Laurent.

LA NEUVEVILLE-AUX-BOIS. 540 C. — 1680. — 11 — 11 — 10 — 21 — 20 — 21. — 1759 Exemption d'impôts accordée à la Msse d'ec. de charité.

LEINTREY. 360 h — 1750. « Requête des habitants contre leur curé, en revendication de la 3e charrue pour leur Me d'éc. » (H 1,453). — 20 — 20 — 17 — 12 — 12 — 11.

MAIZIÈRES-LES-VIC. — An III. « Masson, instituteur à Voyer, se présente, il est admis »

MANONVILLER 200 C. — 1747. — 20 — 17 — 16 — 29 — 28 — 27.

MARSAL. 1,200 C. — 1223 Collégiale. Le prévôt dessert l'église. — 1491. Hôpital. — 1635. Dames de la Congrégation. — 1650. Capucins demandés par les bourgeois. — 1758 Déclaration des officiers de l'hôtel de ville « Au régent de latinité, 128l,14s pour ses gages. — Au Rt d'éc. 300 liv. — À l'organiste, 300 liv. — Aux R. P. capucins, 42l,9s. — A MM. du che, 100 liv., pour le repas qui se fait avec l'état-major, le jour de fête du souverain »

MONCOURT — An III. Alison Alliot.

MOUACOURT. 131 C. — 1789. — 13 — 13 — 11 — 8 — 8 — 7.

MULCEY. 168 h. — 1789. — 1792 24 gs, 26 fs. — An II. « La municipalité observe que l'ancien Rt d'ec, Chapelier, peut seul être nommé », elle réclame pour lui le presbytère.

PARROY. 310 C. — 1780. — 15 — 11 — 9 — 23 — 22 — 19.

RÉCHICOURT-LA-PETITE. 110 C. — 1789. — 3 — 2 — 2 — 6 — 5 — 5.

REILLON. 122 h. — 1780 — 6 — 6 — 4 — 19 — 18 — 14. — 1790. Ns Masson. 13 gs, 14 fs. — 1793. Réunie à Leintrey.

RMONCOURT. 172 h. 80 C. — 1695. — 5 — 4 — 4 — (1800 à 1810) 15 — 14 — 13 — 63 signatures, 3 croix.

REPAIX. 142 h. 100 C — 1780 — 5 — 5 — 3 — 4 — 4 — 3 — 1790. Rondot. 13 gs, 16 fs. — 1793. Réunie à Foulcrey, chemins impraticables, 1 heure et demie de distance.

SAINT-MARTIN. 248 h. — 1780. — 4 — 4 — 4 — 13 — 13 — 13. — 1790. Jh Masson. 17 gs, 12 fs. — 1793. Réunie à Herbéviller.

SAINT-MÉDARD. — An III. (*Médard-Libre*.) Blanchet.

VÉHO. 286 h. — 1740. — 9—9—9—7—6—6. — 1790. Manon-villers, Fr., 23 g³, 22 f³. — 1793. Réunie à Leintrey. — (1800 à 1810) 28 m. — 28 — 28 — 143 signatures, pas une croix.

VERDENAL, 225 h. — 1786. — 6 — 5 — 4 — 11 — 11 — 8. — 1790. Fr. Michel. 15 g³, 10 f³. — 1793. Réunie à Domèvre.

XOUSSE. 381 h. — 1690. — 13 — 12 — 11. — (1800-1810) 39 — 32 — 34 — 195 signatures, 19 croix. — 1790. Contil. 20 g³, 15 f³. — 1793. J⁰ Manonviller.

Les rapports des subdélégués de Blâmont et de Dieuze, chargés de ces paroisses, constatent l'existence des écoles dans les communautés de cet archip.

2. ARCHIPRÊTRÉ DE MORHANGE ET ABOUDANGE.

ALBESTROFF. 530 h. — 1780. Lallemand. — An III. 36 g³, 40 f³. « La municipalité agrée les oumission du cy-d⁴ régent pour exercer les fonctions d'instituteur, en conformité du décret du 29 frim. » L'administration du district, « sur l'avis du comité révolutionnaire, approuve la délib.; à charge par Lallemand, de se conformer aux lois. » On lui accorde 50 exemplaires de l'alphabet et du catéchisme républicains.

ALTRIPPE. — 1720. Procès-verbal du relevé du corps de l'enfant du M⁰ d'éc. (G. 1,592.)

BÉNESTROFF. 264 h. — 1785. — An III. 12 g³, 15 f³. — 6 niv. « Mandat de la municipalité de 20l¹, 5⁵ au cit. Zeller, instituteur, pour traitement, à raison du nombre de ses élèves pendant les mois de vend., brum. et frim., visé par le directoire du district, pour être payé à vue par le procureur, conformément à l'art. XIII de la loi du 29 frim. et à l'article 4 de la loi du 21 therm. » — 23 niv. Zeller subit, à Dieuze, les examens et interrogations; il est déclaré capable.

BERMERING. 387. — An II. 12 g³, 15 f³. « Ne sera ouverte qu'en hiver. »

CHATEAU-BREHAIN. 220 C. — 1778. Traité avec le M⁰ d'éc. — 1779. Requête de N⁰ Pierre à l'intendant : « M⁰⁰ aura la charité d'ordonner au sindic de payer, sur les deniers de la communauté, 20 liv. qu'on lui doit. » Avant de faire droit, l'intendant communique la requête à la communauté, afin qu'elle réponde par une délibération, et il consulte le subdélégué. (C. 595.) — An III. Brehain-Haut. Thiriet.

CONTIL. 340 h. — 1780. Focal. — An III. 30 g³, 30 f³. « On réclame le presbytère pour y installer l'école et Focal. »

GIVRICOURT. 91⁰ h. — An II. 5 g³, 9 f³. « Réunie à Munster. »

GUÉBLANGE. 266 h. — 1780. J. B. André. — An III. 16 g³, 12 f³. « On réclame le presbytère. »

HERNY. 300 C. — 1544. L'écolâtre de la cathédrale jouit des bénéfices, il approuve et paie le M⁰ d'éc.

HONSKIRICH. 364 h. — An II, J⁰ Frappe. 22 g³, 25 f³.

INSMING. 728 h. — 980. P⁰⁰ de Saint-Benoît. — 1690. Confréries. — An II. 32 g³, 22 f³. « Personne ne s'est présenté. »

LÉNING. 235 h. — 1780. — An II, 38 g⁵, 32 f⁵. « N'a pu se procurer un instituteur, faute de logement, réclame le presbytère. » — An III, 21 niv. On refuse d'envoyer les enfants à Altroff, on veut un instituteur, sous la surveillance des autorités; on le payera. 14 membres signent la requête, 3 font une croix.

LIDREQUIN. 71 h. — An II. 6 g⁵, 8 f⁵. « Réunie à Contil. »

LIDREZIN. 248 h. — 1780. Brice. — An II. 27 g⁵, 13 f⁵. On demande le presbytère. Brice est ajourné... « Il n'est que trop évident, par ses réponses, qu'il n'a pas assez étudié la morale républicaine. »

LUCY. — An III. Simon.

MORHANGE. 250 f. — 1100. Hospice. — 1650. Charte de Renier, M⁵ des éc., portant qu'un individu a donné à l'abb. de Salival, un héritage (H. 1,228). — 1655. Recteur des éc. — 1750. Réfections à la maison d'éc. 463ᵗ,5ˢ.

MONTDIDIER. 116 h. — 1780. J. Joly. — An II. 15 g⁵, 6 f⁵. « Joly observe à la municipalité qu'il n'est pas tenu à faire école, en été. »

MUNSTER. 460 h. — 1250. Collégiale, 12 chanoines. — An II. 28 g⁵, 30 f⁵. « On se plaint de l'insouciance des parents; point d'instituteur ne s'est présenté. »

NEUFVILLAGE, 108 h. — An II. 11 g⁵, 5 f⁵. « Réunie à Albestroff. »

NEBING. 300 h. — An II. 25 g⁵, 18 f⁵. « Se procurera un instituteur pour l'hiver. »

ORON. — An II. André et Marguerite Chatelain.

PEVANGE. 72 h. — An II. 10 g⁵, 5 f⁵. « On demande de placer l'école au presbytère. »

RENING. 261 h. — An II. 9 g⁵, 16 f⁵. « Ann d'Insming. »

RICHE. 275 h. — 1786. — An II. 22 g⁵, 22 f⁵. Le M⁵ d'éc. est aux armées, il ne s'en présente pas d'autres. »

RODALBE. 318 h. — An II. 26 g⁵, 16 f⁵. « N'a pas encore fait choix d'un instituteur. »

THICOURT. 170 f. — 1093. Pⁿᵉ de Saint-Benoît. 4 religieux. — 1740.

TORCHEVILLE. 146 h. — 1760. L. Lorain. — An II. 15 g⁵, 20 f⁵. — 28 pluv. « Lorrain donne sa démission à cause de son grand âge et de la faiblesse de sa vue. »

VALH. 296 h. — An II. 25 g⁵, 18 f⁵. — 20 brum. « Aucun ne s'est encore présenté. » — 3 fruct. F. Brunner, muni d'un certificat de civisme approuvé par la société populaire et le comité de surveillance, déclare qu'il est dans l'intention d'ouvrir une école; il y enseignera à lire, à écrire, les règles de l'arithmétique, les droits de l'homme, du citoyen, ainsi que ses devoirs; il expliquera la Constitution, le tout conformément aux principes de la République et aux décrets de nos législateurs. » Il est admis, après avis de l'agent national.

VAXY. — An II. Courteaux.

VIRMING. 593 h. — An II. 21 g⁵, 17 f⁵. « Il y aura une école pour l'hiver. »

VITERSBOURG, 424 h. — An II, 21 g³, 18 f³. « Se pourvoira d'un instituteur pour l'hiver. »

WISSE, 192 h. — An II, 20 g³, 11 f³. « Malgré ses recherches, n'a pu encore se procurer un instituteur. »

ZARBELIN, 105 h. — An II, 4 g³, 3 f³. « Réunie à Lidrezing. »

3. ARCHIPRÊTRÉ DE VARIZE ET DE SAINT-AVOLD.

AUBE. — 1150. P⁰⁰ de Citeaux.

BOUAY, 500 h. — 1650. Principal établissement des juifs en Lorraine. Une synagogue, une école, une rue spéciale. — 1700. Récollets. — 1750-1755. 67 miliciens désignés par le sort, 35 ont signé. (C. 247.) — 1747 à 1789. États de paiements des M⁰ˢ d'éc. — 1783. 455ˡ,1ˢ,9ᵈ. (C. 221).

CRÉHANGE. — 1738. Requête du curé à l'évêque pour obtenir l'autorisation d'acheter un jardin, pour y construire une maison d'éc. Avis favorable de la fabr. (G. 160).

HOMBOURG-HAUT. — 1254. Collégiale, 13 chan. — 1743. Les revenus affectés au séminaire. — 1741. Stanislas autorise les récollets à établir une maison conventuelle

LONGEVILLE-LÈS-SAINT-AVOLD. — 950. P⁰⁰ de Saint-Benoît.

PANGE. 128 C. — 1700. « 53 enfants à l'école » (G. 1,757).

SAINT-AVOLD. — 714. Abb. de Saint-Benoît. — Union de la cure à l'abb. — 1313. Hôpital. — 1625. « Des filles dévotes demandent des religieuses du Pont » Il en arrive 4 et 1 converse. Le prince de Phalsbourg donne l'approbation. — 1630. L'évêque confirme l'établissement. — 1631. On construit un monastère, une église, une école et plus tard une maison pour y recevoir des pensionnaires. — 1700. 500 f., 1400 C., environ 320 maisons. — 1747-1789 État des recettes et dépenses (C. 221.) — 1783. L'organiste, les chantres, le régent de latinité, reçoivent 605 liv., le M⁰ d'éc. 158 liv. — 1780, 24 avril. Un rapport du subdélégué expose la situation des écoles et des maîtres « Dans l'usage actuel, les communautés choisissent les M⁰ˢ; seules, elles font les traités, à peine y appellent-elles les curés, qui prétendent y devoir concourir. » Il ne se plaint pas du manque d'école, ce qu'il aurait fait, si toutes n'en n'eussent été pourvues; il voudrait que l'on établît des séminaires pour former les maîtres et que l'on conciliât dans une plus juste mesure, « le choix des communautés avec les droits de l'archiprêtre et du subdélégué »,

TÉTERCHEN. 260 C. — 1745. Éc. de filles dirigée par des religieuses du tiers-ordre.

4. ARCHIPRÊTRÉ DE ROMBAS.

AVRIL. — 1682-1789. Série des M⁰ˢ d'éc. — (1690) 15 — 6 — 3. — (1790) 11 — 11 — 7. — (1810) 16 — 16 — 7.

BRIEY. — 1331. Collégiale. — 1640. Donation à la Maison-Dieu. Commanderie. Requête des officiers municipaux à l'effet d'obtenir que l'on remette à la ville les biens de la com-

manderie pour « sustenter les enfants, les vieillards, les infirmes » (II. 1,677-1,688) — 1700. 250 f, — 1712. Les cordeliers,
— 1760. Éc, de filles. — 1761. Le curé jouit de quelques
revenus de la collegiale supprimée. — 1770. Rollin, R¹ d'éc.
— 1779, 30 novembre. Le rapport du subdélégué signale l'existence des écoles, mais il déplore l'infériorité et l'inégalité des
salaires, « Il serait critique de modifier les règles de traitement, si l'on tient compte du suffrage de la multitude
pour le choix du maitre. » Il propose, pour « conjurer les
inconvénients », d'attribuer aux intendants la nomination
des maitres et leur révocation, « trop souvent motivées par
des motifs d'humeur ou de passion ». Les salaires deviaient
être proportionnés au chiffre de la population, « 30, 25 ou
20⁹ par chef de famille, selon que le Mᵉ est chantre ou
sonneur ».

Mance. — 1789. — 6 — 6 — 6 — 17 — 15 — 14. — 1802. Rogier.
Trieux. — 1792.

5. Archiprêtré de Kédange.

Altroff. 642 h. — 1780. — 1790. Christophe Furmann. 43 g⁹,
39 f⁹. — An III, 8 brum. Certificat de civisme. — 13 vent.
Mandement de 275 liv. du 11 brum. au 11 vent. de la présente année, à raison de 43 g⁹.

Freistroff. 250 f — 1130 à 1147. Religieuses de Citeaux —
1147 à 1470. Elles occupent le couvent dont les religieux ren-
trent en possession en 1470. — 1700. 450 f.

La plupart des 27 Pᵉˢ de cet archip. étaient du bailliage de
Bonzonville; or, à la date du 13 juillet 1779, un rapport du
subdélégué à l'intendant implique l'existence d'une école
dans chaque communauté. Interrogé sur la question de
savoir s'il y a des écoles, il ne demande nullement qu'on
en crée de nouvelles. « Il ne s'est aperçu d'aucun abus. .
il faut laisser aux paroisses le choix des Mᵉˢ d'éc.; d'ordinaire il est élu par les habitants, de concert avec le curé...
il est loué ou gagé pour 3 ou 6 ans, souvent pour une
seule année; s'il convient, on le continue; faute de ce, on
le congédie. »

6. Archiprêtré de Thionville (¹).

Entrange et Œutrange. 214 f. — 1789. Welzcher, Mᵉ d'éc.
Dame Staffels, Mˢˢᵉ d'éc. — 1826, 3 septembre. Délib.
du Conseil : « On a toujours payé en nature de blé, 1 fosse
et demi par ménage pour Œutrange, 1 fosse seulement pour Entrange. Le total est de 7 maldres(²), 2 bichets, 3 fosses, en plus 30 c d'écolage par mois, pour les
abécédaires, 50 c. pour les écrivains... Les charges du Mᵉ
pour l'église sont considérables, il n'a pas d'indemnité de
logement; une pauvre chambre sert d'école. — 1841. Délib.

(¹) Le bailliage de Thionville comptait 140 Pᵉˢ, dont 100 du diocèse de Metz.
(²) Le maldre vaut 2ᵇ,10¹ de blé

30 oct. : Une sœur institutrice est installée. L'ancienne M^{sse} n'avait que 30 fr. par an, — 1848, 2 janv. Délib. ; La salle d'Œutrange ne peut contenir tous les écoliers, il y a toujours eu à Entrange une petite éc., dirigée par un sous-M^e. Le Sr Pierrard recevra 70 f, pour tenir école durant l'hiver. Le traitement sera réparti entre tous les élèves. —(1703-1713) 39 m. — 10 — 2. — (1753-1763) 56 — 29 — 4. — (1803-1813) 50 — 35 — 5, — (1858-1868) 89 — 87 — 71. — (1872-1880) 71 — 70 — 71.

FLORANGE, — 1687-1789. Série des maîtres. — 1710. A été baptisé M. Nepveux, fils du M^e d'éc. — 1716 Le M^e d'éc. Pector signe comme témoin. — 1722, 2 fev. « Est décédée Cristine, femme à H. Poincelet, M^e d'éc., après avoir donné des marques d'une fidèle chrestienne. » — 1726,21 novembre. Le M^e d'éc. rédige et signe l'acte de décès du curé Rollot. — 1734. Fr. Français. Les registres sont tenus avec soin, les signatures généralement bien faites; l'écriture en est fort lisible. — (1710-1730) 104 m. 43 — 11. — (1750-1760) 46 — 28 — 5. — (1780-1790) 47 — 38 — 11. — (1810-1820) 58 — 46 —26,

FONTOY. — 1715. « Le curé se plaint de l'insouciance du M^e d'éc. » (G 27).

THIONVILLE. — 805. Concile. On y traite la question des écoles, on y développe les prescriptions du capitulaire de 789. On insiste sur la nécessité du calcul, qui forme le jugement : « De computo, ut veraciter discant omnes », sur l'importance des notions d'hygiène et de médecine : « De medicinali arte, ut infantes hanc discere mittantur ». Les seigneurs temporels et spirituels veilleront à ce que leurs scribes écrivent lisiblement, que les lecteurs des églises prononcent distinctement; afin que le peuple comprenne. — 940. Égl. paroissiale. — 1308 Les augustins. — 1332. Maison-Dieu. — 1584. Hôpital Sainte-Élisabeth administré par les échevins. — 1625, 20 mai. Les capucins installés avec pompe, au bruit de l'artillerie, sont chargés du spirituel de l'hospice militaire et des prédications. — 1629. L'infante autorise les religieuses de Sainte-Claire de la maison du Saint-Esprit de Luxembourg à se fixer dans la ville; par convention avec les officiers municipaux, elles enseignent aux petites filles la religion, la lecture, l'écriture, les ouvrages manuels. — 1644. La régente leur accorde une rente de 300 liv. Louis XIV y ajoute de nouvelles libéralités. — 1700. 500 f. Reconstruction de la maison de Sainte-Claire, qui, en 1789, compte 13 religieuses et un nombre considérable d'élèves externes et internes. — 1704-1705, 16 avril, 6 novembre Convention entre les officiers de ville et les notables d'une part, et le prieur et les religieux augustins de l'autre, pour l'ouverture d'un collège, sous l'autorisation du provincial et du chapitre. La ville paie une subvention annuelle et bâtit des salles de classe. — 1774. Le personnel se compose d'un prieur, de 4 régents, de 2 novices et d'un frère; les écoliers, qui sont nombreux, « y sont instruits jusqu'à la philosophie ». — 1786, 13 mai. Règlement en 52 articles, rédigé en l'assemblée des administrateurs de l'hospice, sous la présidence d'un conseiller au parlement. Les officiers municipaux, le procureur du roi, le curé, 4 notables élus par les citoyens composent le bureau d'administration. Fermé en 1792, rétabli en 1803, le collège est l'un des plus renommés du département. — 1802. L'hospice installé dans le monastère de Sainte-Claire, sous la direction des sœurs de Saint-Charles, ouvre 2 écoles de filles, dont l'une gratuite.

UCHANGE. — 1789. — (1800-1810) 69 — 49 — 40.

CHAPITRE III.

ARCHIDIACONÉ DE VIC.

1. Archiprêtré de Delme.

AMFLÉCOURT, 18 h. — 1702.

ARRAYE-ET-HAN. — 1789. — 8 — 8 — 3 — 10 — 9 — 8.

BACOURT. — 1789. — An III. « Il ne se présente personne. »

BEY. — 1711. — 3 — 3 — 1 — 1 — 1 — 1.

BIONCOURT. — An III Lavancy.

CHAMBREY. — 1792. Petit et Marie Simon.

CHATEAU-SALINS. — 1491. Maison-Dieu (C. 397). — 1527. Installation des minimes. — 1545 Gages des sœurs grises (B. 5,276). — 1747. Elles reçoivent 447^l, 8^s. (C. 221). — 1700. 500 f. environ, 320 maisons. Ann. d'Amelécourt et de Salonne, jusqu'en 1717. Coll. le roi. — 1737. Monastère de Sainte-Élisabeth. Éc. de filles. — 1752. Stofflet et Ch. Richard, M^{es} d'éc. et marg. — Au compte du receveur, la recette ordinaire s'élève à 1,568^l,15^s,7^d. La recette extraordinaire à 74^l,17^s,7^d. La dépense à 1,487^l,10^s,6^d, dont 200 liv. au regent d'éc., organiste, 30 liv. à l'horlogeur, 135 liv. au régent de latin. — 1753 Un dossier de 30 pièces relatives à la construction d'une maison d'éc., aux gages des régents et maîtres (C. 397). Lettre de l'intendant, 5 juin 1753 Lunéville. « Je consens, ainsi que vous le proposez, que les gages dus aux régents d'éc., marg. et horlogers soient répartis sur les habitants. . Il convient que vous enjoigniez aux officiers de l'hôtel de ville de prendre une délib. à cet effet, et aussi de passer de nouveaux traités, sur le pied de 200 liv. au régent d'éc. et chantre, de 100 liv. au marg., de 50 liv à l'horloger, ce qui ne paraît pas suffisant. Vous m'enverrez aussi ces traités, je les approuverai. » — 1753, 27 fevr. Traité en 12 articles entre les sœurs de Toul et le lieutenant général pour l'établissement d'une école. La délib. de l'assemblée convoquée extraordinairement par l'hôtel de ville, est signée par « les officiers du bailliage royal, ceux de l'hôtel de ville, le sieur Curé, MM. de la noblesse, les privilégiés, les officiers de saline, 12 membres de la bourgeoisie et le lieutenant général président. — L'evêque autorise le traité (C. 411). — 1779, 5 juin. Le subdélégué, M. Quentin, émet le vœu que l'on élève les gages à 150 liv. ou 250 liv., sauf pour les annexes, où l'on est obligé d'avoir un second M^e pour l'hiver; « il y a des communautés qui ne peuvent assez payer les M^{es}, ce qui fait qu'ils ne remplissent pas leurs fonctions avec zèle. » — An III, 10 germ. Procès-verbal de la séance du directoire, à *Libre-Salins*, à l'occasion du choix des instituteurs et des institutrices. Les cit. Demange et Claudin, les citoyennes Aubert et Asselin. — Procès-verbaux du jury d'instruction pour l'examen des candidats dans le district.

CRAINCOURT. — 1780. François. — 1790. Il réclame ses gages. Chacun des 160 chefs de famille lui payait 34 sols; quelle somme lui paiera-t-on à l'avenir? — An III. Simon.

DELME. — 1780. — An III. Monet; il ne se présente pas d'institutrice.

FAULX. — 1126. P^{re} de Saint-Benoît. — 1700. Hôpital. — 1709. « Fondation pour ayder 5 pauvres filles du Val-de-Faulx à se marier »; les villages du Val étaient : les 2 Faulx, Condé, Malleloy, Montenoy. » Les M^{es} d'éc de ces paroisses ont leur part dans les obits et fondations « 27 signatures, une croix » (B. 395). — An. II. 650 h. — 25 g^s, 24 f^s. « L'école sera ouverte en hiver ». 16 — 15 — 10 — 18 — 17 — 16.

LÉTRICOURT, 50 h. — 1650. — 4 — 4 — 4 — 13 — 12 — 13.

FRESNES. — An III. Blaise.

LEYR. 623 h. — 1780. — 31 — 29 — 19 — 30 — 28 — 22. — An II. 60 g^s, 40 f^s. « Ne sera en activité que l'hiver. »

MALAUCOURT. — 1789. Traité (C. 414).

MANHOUÉ. — An III. Dauphin.

MOIVRON. 380 h. — 1750. — 27 — 25 — 22 — 29 — 28 — 25. — An II. 40 g^s, 35 f^s. Traitement, 1,325 fr. « Ne s'est présenté personne. »

MORVILLE. — 1780. — An III. « Il ne se présente personne. »

SALIVAL. — 1218. Abb. de Prémontrés. 4 registres, 3 cartulaires, cartes et plans (II. 1,224).

SALONNE. — 813. P^{re} de Saint-Hilaire, uni, en 1602, à la primatiale de Nancy. — 1750. 70 feux.

VIC (*Vicus bodesius, Vicus*). — 1150. Collegiale. P^{re} de Saint-Christophe. — 1210. Siège principal du pouvoir temporel des évêques. « Privés de leurs droits regaliens, à Metz, ils y installent leurs officiers, leur chancellerie, leur monnaie, leur écolâtrerie. « Accord entre l'abbé de Salival et les templiers de Vic. L'ordre de Malte hérite de leurs biens, » — 1275. Hôtel-Dieu. — 1295. Les béguines cèdent une maison à l'Hôtel-Dieu. —1326. « Franchises accordées aux pucelles appelées béguines. » — 1364. L'évêque Jean de Vienne leur impose la règle du tiers-ordre de Saint-François. — 1420. Cordeliers. Carmes déchaussés. Délib. des officiers municipaux touchant l'établissement des Carmes. Permission de l'évêque. Lettres patentes (II. 903) — 1545. Supplice de Fr. Chobard, Me d'éc. de Mécrin, condamné pour hérésie. — 1559. Écolâtres de Vic. Gages des Mes d'éc. (G. 899) — 1590. Suppression des béguines. —1613. Capucins.— 1618 Dames prêcheresses, 5 religieuses instruisent gratuitement les jeunes filles de la ville. — 1634. Dames de la Congrégation. — 1615 à 1790. Collège 3 régents prêtres séculiers. Titres de fondation, constitutions de rentes (D. 90) — 1736 à 1750. Procès-verbaux de visite de la paroisse et des couvents (G. 316 à 333). —1792. Renach et Catherine Gauvain nommés par le jury séant à Château-Salins.

MOYEN-VIC. — An II. Liegeard et Marie Joly.

VILLERS-LES-MOIVRON. 157 h. — 1786. — 5 — 4 — 2 — 5 — 5 — 5. — An II. Fiat, nommé au concours, n'accepte pas. 15 g², 15 fs. « Il ne se présente personne. »

2. ARCHIPRÊTRÉ DE NOMENY.

ABAUCOURT. — 1786. — 15 — 13 - 8 — 23 — 23 — 19. — An III. Lemoine choisi par le directoire.

BOUXIÈRES-S.-FROIDMONT. — 1675. — 24 — 23 — 16 — 23 — 23 19. — An II Serment prêté par Geoffroy. « Aujourd'hui, 3 germ., le cit. M. Geoffroy a reçu une commission d'instituteur dans la commune de B-S.-F., après avoir subi un examen par devant les cit. Salle et Toussaint, instituteurs au collège national de Pont-à-Mousson. Il est reconnu capable d'enseigner l'arithmétique, la lecture, l'écriture et de prêter le serment requis. » Requête pour le loger au presbytère, dont le bail va expirer. Élection d'un instituteur, 18 belles signatures.

CLÉMERY. — 1250. Pre de Saint-Benoît — 1789 — 22 — 10 — 6 — 18 — 12 — 12. — 1792. Éc. fermée.

GOIN. — 1703. « Legs au profit du Me d'éc. » (G. 1069).

MAILY. — 1789. — An II Toussaint.

MORVILLE-S -SFILLE. — 1780. — 6 — 5 — 1 — 5 — 5 — 3. — An II. F. Marcus (G. 1074)

NOMENY. V. Notice spéciale (3e partie).

PORT-S.-SEILLE. — 1789. — 6 — 3 — 2 — 5 — 3 — 2. — 1792. P. Douot.

RAUCOURT. — 1789. —19 — 15 — 13 — 16 — 16 — 16. —An II, 27 vent. L'agent national déclare qu'il n'y a plus de Me d'éc. — An III. On refuse d'envoyer les enfants à Éply; il y en a 74 en âge de recevoir l'instruction, on réclame un maître.

Thésey-Saint-Martin.— 1666 — (1790) — 11 — 9 — 7. « Le curé
a la dîme, un préciput, les novales... La fabr. possède une
métairie; les seigneurs ont fondé des messes..., Le Mᵉ d'éc.
n'est pas assez payé. » — 1792. Simon — 30 mai 1779. Le
subdélégué, M. Gouiler, rend compte de l'état des maîtres;
il y en a dans chaque paroisse, il se plaint de l'ignorance
de plusieurs, il en attribue la cause à ce que « l'on cherche
à les louer à vil prix »; ils ont de petites rétributions pour
les obits..., une certaine somme des fabr. pour blanchir le
linge d'égl.., selon l'usage du Dᵉ, 4 ou 5 sols pour l'eau
bénite..., à peine de quoi vivre dans les petites communautés... Ne pourrait-on pas prendre une partie de la
dépense des maîtres sur l'économat des bénéfices? MM.
les curés, obligés d'instruire leurs paroissiens, ne pourraient-
ils pas y contribuer de leur superflu? » Il démontre la nécessité de créer des écoles spéciales de filles et il indique
les précautions à prendre dans les écoles mixtes.

3. Archiprêtré de Mousson.

Arry. — 1669. « Legs de 13 liv. de rente au Mᵉ d'éc. pour fournir le pain et le vin pour les messes. »

Corny. 60 h. — Coll. l'abbesse de Sainte-Marie. — 1703. « Le
Mᵉ d'éc., 4 échevins d'égl., 2 syndics chargés d'avertir les
habitants à tour de rôle pour sonner en cas d'orage. »

Atton. — 1700. — 10 — 10 — 6 — 8 — 8 — 7. — 1790. Gauthier.

Millery. 50 h. — 1350. Maison du Temple. — 37 — 35 — 34
— 18 — 17 — 9. — 1792. Soudieu.

Custinf. 709 âmes. — 1770 — 17 — 11 — 6 — 24 — 15 — 13. —
1790. Mettavant — An II. 62 gˢ, 67 fˢ. Traitement, 2,275 fr.
« L'école n'est pas en activité. »

Morey. — 1788. — 12 — 12 — 10 — 8 — 8 — 8 — 1790. Floquet.
— 1793 (Trois-Montagnes), éc. fermée.

Mousson. — 1094. Prᵉ de Saint-Pjant. — 4 — 3 — 3 — 9 — 8 —
6. — 1790. Delate. — An II, Il obtient un certificat de capacité et de civisme.

Pont-a-Mousson. A l'orient de la Moselle, diocèse de Metz.
1 paroisse Saint-Martin. — A l'occident, diocèse de Toul.
Pᵉˢ Saint-Laurent, Saint-Jean, Sainte-Croix. — 1106. Prᵉ
de Saint-Michel (G. 1,074). — 1126. Abb. de Sainte-Marie-
aux-Bois. — 1147. Maison-Dieu. — 1257. Hôpital de Notre-
Dame. — 1260. Collégiale de Sainte-Croix. — 1265. Commanderie de Saint-Antoine. — 1417. Couvent de Sainte-
Claire. 13 religieuses prennent possession du monastère et
de l'église. — 1462. Les chanoines de Metz se réfugient
au Pont — 1538. Régent des écoles (B. 8,134) — 1572 Érection de l'Université (¹) — 1574. Construction du collège des
jésuites. Le recteur et les chapelains de Saint-Antoine se

(¹) Voir mon *Hist. de l'Université*, 1866, in-8°, et les archives (H. 1514 a 1595,
2,104 à 2,212.)

retirent à l'hôpital Notre-Dame. — 1581. Séminaire du Châtelet. 8 boursiers suivent les cours de l'Université. — 1595. Séminaire annexé au collège des jésuites. 12 boursiers. « *Seminarium Clericorum pauperum urbis dioc Metensis.* » — 1597. Hôpital des bourgeois, fondation de Grégoire, doyen de la Faculté de droit. — 1604. Congrégation de Notre-Dame. 3 religieuses d'abord; 19 ans après, la fille du prévôt prend le voile; elle fait don de 2 métairies, de quelques vignes; un traité avec la ville assure l'instruction des filles (G 206). Cent ans après, il y a 60 religieuses « continuellement occupées de l'office divin et de l'éducation de la jeunesse; outre un grand nombre de pensionnaires, elles ont une école publique et gratuite... En plus que les trois vœux solennels, elles en font un quatrième par lequel elles s'obligent d'instruire la jeunesse et de ne jamais souffrir qu'elle soit abandonnée. Leur église est des mieux ornées, la maison bien bâtie, les jardins sont vastes; la congrégation des filles s'assemble le dimanche, dans une de leurs chapelles, pour y réciter l'office et écouter les instructions d'une religieuse. — 1607. Translation de l'abb. des prémontrés établis à Preny, par saint Norbert, en 1138. Elle resta sous la juridiction des évêques de Toul, malgré les réclamations des évêques de Metz. L'installation est remarquable. « L'église, le cloître, la maison régulière sont bâtis dans le goût moderne, d'une architecture également propre, nette et modeste; il y a plusieurs salles et appartements superbes, de grands jardins, une terrasse sur la Moselle Le chapitre de l'ordre, réuni le 28 septembre 1621, y institua une école spéciale, un séminaire de novices pour y être nourris et élevés, pour la commodité de l'Université, à la connaissance des lettres et sciences nécessaires. » (H. 1,124) Ces novices sont ensuite répartis entre les autres communautés. La ville leur accorde des privilèges, une concession de terrains .. ils ont chez eux une imprimerie, ils publient entre autres livres un *Catechismus novitiorum.* (2 vol. in-fol)— 1611. Carmes mitigés et carmes déchaussés — 1623 Religieuses annonciades. — 31 mars. Les magistrats leur donnent permission de s'établir. 24 sœurs; « elles se soutiennent par le travail de leurs mains. » — 1625. Chanoines réguliers de Saint-Sauveur. — 23 août. La veuve de Jean de Porcelets leur donne une maison et une église... Le P. Fourier y établit un séminaire où les novices des maisons de l'ordre viennent étudier à l'Université; il y a une école gratuite, dans laquelle, selon les constitutions du curé de Mattaincourt, « on enseigne à lire, à écrire, et les éléments de la grammaire ». On trouve aux archives (H. 1,541 à 1,698, G. 984) les détails les plus complets sur les acquêts, ventes, abonnements aux gazettes, règlements .. de cette importante maison. — 1626. 16 mai. Mme de Chantal amène d'Annecy 6 sœurs professes

de la Visitation. — Charles IV lui laissait le choix de s'établir à Nancy ou à Bar, elle préféra la résidence du Pont
« à cause de l'Université ». — 1627, 21 août. 27 religieux
du Carmel, sous la protection du duc, s'installent au Pont ;
« la maison est belle, l'église est mignonne et bien ornée ».
— 1632. Les minimes sont appelés par les magistrats, « en
raison des services qu'ils ont rendus à Nomeny, attaqué
par la contagion ». — 1677. Masselin, Me d'éc. et maig. de
Saint-Martin — 1700. Me d'éc. à la pe Sainte-Croix (G. I,116).
— 1722. Jardin botanique fondé par Léopold. — 1723. Hôpital. On y construit de nouvelles salles. « Les dames de la
ville font entre elles une association pour y établir 4 religieuses de Saint-Lazare, pour y soigner les malades et
instruire les pauvres enfants. L'administration temporelle
est entre les mains de 4 directeurs préposés par l'hôtel de
ville et d'un receveur désigné par les directeurs. Le curé
de Saint-Laurent est chargé du spirituel. — 1740 Le R. P.
Gastin envoie à M de la Galaisière un mémoire historique
sur l'origine et les établissements du Pont-à-Mousson. Ce curieux manuscrit de 29 pages in-fol est conservé aux archives
de la Meurthe (H. 1,662). — 1768. Translation de l'Université à Nancy (H. 2,254). — 15 novembre. Collège royal. 1 principal, 8 professeurs, tous de l'ordre des chanoines réguliers.
— 1776. Création d'une école royale militaire ou plutôt d'un
collège où l'on élève, outre 50 ou 60 boursiers du roi, des
jeunes gens destinés à la carrière militaire. Il y a un principal,
un sous-principal, un procureur, 12 professeurs, 6 préfets
de salle ; le règlement est sévère ; le programme comprend
les langues française, latine, anglaise, allemande, les mathématiques, la géographie, l'histoire, les belles-lettres, la philosophie, la religion, la morale, les fortifications, les principes
de la marine, le dessin, l'écriture, les armes, la danse. Un
inspecteur général et un sous-inspecteur examinent les
élèves, constatent leurs progrès ; chaque année, des exer-
cices publics précèdent la distribution des prix, comme
autrefois à l'Université : « *Pramium et incitamentum la-*
boris » — 1779. Le subdélégue, M. Breton, adresse un
rapport sur l'état des écoles et les améliorations à intro-
duire ; « pour la nomination de ces desservans d'église, il
faut suivre le parti prescrit par l'évêque ; ils forment une
classe sujette à la discipline, à l'examen, à la réformation
par l'église elle-même » ; le salaire est faible, insuffisant,
mais ils peuvent se livrer à une autre profession ; « il existe
d'ailleurs des maîtres en nombre suffisant », il y en a dans
chaque paroisse. Au sujet des discours et discussions entre
les communautés et les regents d'éc , il propose d'adopter
« la même règle, la même jurisprudence édictée par les
arrêts pour les maîtres et les domestiques ». — 1789. Le
cahier des doléances de la ville comprend 56 articles .
« établissement dans les villages de filles d'école propres à

suppléer aux maîtresses d'éc. trop rares dans les campagnes.
L'examen des registres des paroisses, de 1660 à 1789, prouve
par le nombre considérable des signatures que l'on profi-
tait de l'instruction primaire. (1786-1790) 240 — 211 — 165. —
1790. A la suite du refus de serment des professeurs et de
l'agitation des élèves du collège militaire, le procureur
syndic demande une réforme dans le plan d'études et les
conditions d'admission ,, surtout plus de prêtres. On supprime les boursiers, les chanoines se retirent, la municipalité réclame leur maintien, le décret du 9 septembre 1793
ferme le collège. — 1795. Vente d'une partie des bâtiments,
de l'Université. — 1792, 30 avril. Le maire remplace les religieuses de Notre-Dame, les sœurs des écoles charitables,
l'instituteur Pierson, le préfet du collège par 3 instituteurs et 4 institutrices qui ont produit un certificat de civisme. — 1793. Le cit. Georges, malgré son jeune âge, est
choisi, après son examen, pour diriger une école gratuite
de principes du latin. « Il a été averti de se pourvoir d'un
local pour que la municipalité puisse informer le public
de l'ouverture des classes. » — 1793. Règlement municipal,
en 8 articles, pour les ec. de filles. — An II. Rapport de
l'agent national sur le collège. Les archives de la Meurthe
(B 35 à 1,040) et celles de la ville m'ont fourni pour les 85
communes du district les renseignements les plus précis,
de 1789 à l'an IV. Statistique des écoles, lettres, instructions,
circulaires, arrêtés relatifs aux maîtres et aux écoles. — An
III. Tableaux, registres, procès-verbaux d'examen ou
d'assemblées, actes du directoire du jury d'instruction. J'en
ai publié un grand nombre déjà (¹), je compléterai mes
notices sur notre Université lorraine et sur les nombreux
classiques publiés par les 20 imprimeurs, qui, de 1585 à
1789, exercèrent leur art à Pont-à-Mousson. — An IV. La
ville réclame en vain l'école centrale. — An VIII, 15 brum.
Une souscription permet d'ouvrir une école secondaire;
l'inauguration a lieu au son des cloches et au bruit du
canon, 66 élèves sont présents. — An IX. 28 brum. Un
ancien boursier du roi, Duroc, fait valoir les droits de la
ville, la valeur de ses anciennes institutions scolaires, le
collège est rétabli.

SAINTE-GENEVIÈVE. — 1666 à 1790. M^es d'éc. 13 — 12 — 6 —
14 — 12 — 11. (Arch. riches et curieuses.)

SCARPONNE (Dieulouard). — 1300. Abbé de Saint-Laurent. —
1502. Attestation de la charité des bénédictins (H. 79).
Catalogue de leur bibliothèque. Manuscrits. Division des
chapitres du catalogue. Théologie, Sciences. Classiques
grecs, latins, plus de 6,000 vol. (H. 83). 48 — 30 — 24 —
39 — 32 — 19. — 1790. Claudin

(¹) V. Pièces d'archives, 1 vol in 8°, 1875. Pouillé scol. de Toul, 1870, 1 vol
in 8°.

VIILE-AU-VAL, 32 h. — 1690, Ch. Lambert. — 15 — 15 — 11 — 6 — 5 — 6. — 1792. Voy. Parfait.

VITTONVILLE, 20 h. — 1690 — 4 — 4 — 3 — 6 — 5 — 3. — 1790, École fermée.

4. ARCHIPRÊTRÉ DE GORZF.

ARNAVIIIE. — 1681-1789, 10 Mes d'éc. — An II, Royer. « 140 élèves pourraient fréquenter l'éc. » — (1730-1740) 71 — 55 — 25 — 233 signatures, 31 croix — (1760-1770) 76 — 63 — 32 — 273 signatures, 31 croix. — (1795-1800) 33 — 32 — 25 — 123 signatures, 9 croix. — (1820-1830) 96 — 86 — 50 — 379 signatures, 5 croix.

BAYONVILLE. 50 h. — 1700 à 1790 — 9 Mes d'éc. — 1766. Fondation du curé en faveur du Me d'éc. — 1776 Réparations à la maison d'éc (C 430). — 1791. N. Martin. — (1730-1740) 26 — 24 — 8 — 79 signatures, 25 croix. — (1760-1770) 34 — 33 — 31 — 133 signatures, 3 croix — (1795-1800) 7 — 7 — 6 — 28 signatures. — (1820-1830) 48 — 46 — 40 — 188 signatures, 4 croix.

BFNEY. — 1667.

BOUILONVILLE. — 1687 à 1790. — 9 Mes d'éc. — 7 — 6 — 6 — 10 — 10 — 10. — 1793. H. Jeanet.

BOUCONVIILF. — 1100. Pre de Saint-Benoît — 1699. La communauté paie les gages du Me d'éc., il y a un hôpital. L'acte est signé par 10 notables : 2 croix, l'une est du mayeur.

CHAMBLEY. 53 h. — 1699.

DOMMARTIN-LA-CHAUSSÉE — 1700: « 2 maig. et 2 échevins d'égl. ont une part de dixme. » — 1794. Roze se présente pour tenir l'école.

EUVEZIN. — 1700 — 17 — 14 — 11 — 13 — 12 — 12. — 1766. Traité. — 1790. Budget.

GORZE (*Gurges*). — Retraite de druides, chassés de Divodurum. Saint-Clément y reçoit l'hospitalité. — 749. Abb. de Saint-Benoît. École célèbre. Le moine Norgandus, Blidulff, Jean de Vandières y professent avec éclat. Disciples nombreux, illustres, les deux Adalbéron, l'un év. de Metz, l'autre archev. de Reims; Frotaire, év. de Toul, des abbés, des scholastiques réformateurs des études dans les monastères de France et d'Allemagne. — 1150. L'abbé de Saint-Arnould, Walon, se retire à Gorze, pour y diriger les petites écoles .. — 1445. Charles VIII accorde des lettres de protection à cette abb , « laquelle est très belle et notable, de royale, grande et ancienne fondation, bien pensionnée, grandement et louablement desservie ». — 1542. « Les ordres religieux ont leurs vicissitudes. » L'év Psaume, de Verdun, à la suite d'une enquête, conclut à la sécularisation de l'abb. Aucun des religieux ne signe le procès-verbal; on n'ose pas passer outre. En 1574, le 21 octobre, le cardinal de Lorraine écrit : « Il me semble que vous pouvez procéder, encore que n'eussiez trouvé aucun religieux en ce lieu : cela se peut faire sans eux. » L'abb. fut sécularisée, démembrée, démolie : on y établit un chapitre de 12 prêtres séculiers et un maître d'école.

HAGI VILLE. — 1780 — 11 — 9 — 9 — 6 — 5 — 5 — 1800. Lhuillier.

MONT-SEC. — 1705.

NONSARD. 30 h — 1705.

NOVÉANT-SUR-MOSELLE. — 1780. Visite de l'év. (G. 2,426).

ONVILLE. — Traité. Plan de maison. 17 — 16 — 14 — 16 — 14 — 14.

PANNES. — 1690. Obits, 9 liv. au Mᵉ d'éc —1790. Ch. Mitoux. — (1730-1740) 26 — 21 — 7 — 80 signatures, 24 croix. — (1760-1770) 23 — 20 — 15 — 84 signatures, 8 croix. — (1786-1790) 12 — 10 — 7 — 179 signatures. — (1800) 18 — 16 — 18 — 73 signatures, 1 croix — (1810-1820) 38 — 37 — 37.

SAINT-JULIEN-LÈS-G. — 1784. — 7 — 6 — 5 — 8 — 8 — 7.

SPONVILLE. — 1717. P. Grégoire. — 1728 P. Roger. — 1751. F. Florentin — 1752. Géoffroy. — 1765. N. Boulanger. — 1793 Ecole libre tenue par un prêtre marié. — (1717-1727) 29 — 27 — 18 — (1727-1737) 21 — 14 — 3. — (1737-1747) 17 — 17 — 8. — (1747-1757) 19 — 14 — 11. — (1757-1767) 15 — 13 — 10. — (1767-1777) 16 — 13 — 11, — (1777-1787) 25 — 24 — 21. — (1787-1804) 32 — 31 — 21. — (1810-1821) 19 — 18 — 17.

THIAUCOURT. — 1129. V Notice spéciale.

VANDELAINVILLE. — 1699 à 1789 Série. — 1790. Vezon, Waville. — 1695 Traités. — 1789. Mangin — 14 — 12 — 9 — 25 — 25 — 13.

WIONVILLE. 39 h. — 1709.

XAMMES. 170 h. — 1709. « 4 échevins d'égl., 1 syndic maire. Le Mᵉ d'ec. a sa part des 40 pots de vins » — 1790 Mathis — An II, École fermée. 20 gˢ, 17 fˢ. — (1730 1740) 37 — 28 — 11 — 138 signatures, 10 croix. — (1760-1770) 27 — 25 — — 106 signatures, 2 croix. — (1786-1790) 11 — 9 — 6 — (1795-1800) 6 — 6 — 5 — 24 signatures — (1820-1830) 26 — 25 — 25 — 104 signatures

XIVRAY et MARVOISIN. — 1703. « Les religieux de Saint-Benoit fournissent les hosties et les gages du Mᵉ d'ec , les habitants le vin » (B. 295) (¹)

5 ARCHIPRÊTRE D'HATRIZE.

ABBEVILLE. — 1684-1789. Série — 8 — 8 — 7 — 6 — 6 — 5. — An II, 20 brum. Traité.

GENAVILLE — 1700 — (1720-1725) 19 — 11 — 6. — (1795-1800) 10 — 10 — 3. — (1820-1825) 12 — 12 — 12 — 1791 Traité.

HATRIZE — 1700 à 1789. Série. — 10 — 10 — 8 — 14 — 13 — 12.

(¹) 1709 Le duc de Lorraine fit dresser l'état du temporel dans cet archiprêtré, « bien que plusieurs paroisses qui doivent redevance a S A. R se prétendent France »

Jœuf. — 1689-1789. Série. — 13 — 10 — 5 — 18 — 15 — 10.

Jouaville — 1724-1789. Série. Traités. 21 — 17 — 17 — 17 — 16 — 17.

Labry. — 1790. Traité — 8 — 8 — 6 — 13 — 13 — 11.

Jarny. — 1686. Goullon. — 1790 Traité. — 11 — 10 — 6 — 10 — 9 — 8

Mars-la-Tour. — 1502. Collégiale. 1 prévôt, 4 chanoines. — 1522. Traité avec Mouxon, régent d'éc. (G. 46). — 1700. Thiébaut — 1775 « La fabr. donne à Aubertin, marg. et Me d'éc. 100 liv. pour les clercs d'autel et 4 enfants de chœur. »

Moutiers. — 1805. Jeantrelle.

Puxieux Ann. de Mars-la-Tour.

Saint-Ail. — 1789 Mayence.

Saint-Marcel. — 1751. Traité avec Grégoire, Me d'éc et cordonnier.

Saint-Privat et Roncour — 1665, 15 janv. « Le curé a la moitié des grosses et menues dîmes de Roncourt, avec la moitié de celles de Saint-Privat, à la réserve de la 3e charrue que le Me d'éc. tire à son choix, dans l'un ou l'autre ban. » (B 297.)

Ville-s-Iljon. — 1788. — 9 — 7 — 5 — 8 — 8 — 6. — 1789. Le curé Colinet est élu député aux États généraux.

CHAPITRE IV

ARCHIDIACONÉ DE SARREBOURG.

I. Archiprêtré de Sarrebourg.

Abreschwiller. — 1770. — 1790. 1,523 h. 116 gs, 129 fs. — An II. Jb Villon et Jacquot. Ce Jacquot est l'ancien Me d'éc. 53 ans, marié, 79 élèves. « Ils récitent devant le peuple aux jours de décadi.. il ne cesse de parler des vertus républicaines . il tient école tous les jours, excepté le quintidi et le décadi... » Son rapport est bien écrit, bien rédigé. Anna Mourer, célibataire, 29 ans, 40 élèves « Elle enseigne à lire, à écrire, tricoter, un peu d'arithmétique; il y a des filles chez les instituteurs .. Elle est soumise aux lois... Quant à la superstition, elle ne l'a jamais beaucoup connue . »

ARSCHWILLER. — 1702. 6 signatures, 2 croix (B. 297).

ASPACH. — 1778. Janin. — An II. 42 ans, marié, 28 élèves. « Il était l'esclave des ci-devant prêtres .. » Il fait réciter le catéchisme, au temple, devant le peuple. »

AVRICOURT. — 1690 — 5 — 5 — 5 — 4 — 4 — 3 — 1789. Charon. — An II. Adrian, femme Colin, institutrice. — An III. La citoyenne Voignier.

BARCHAIN. 138 h. — An II. 10 g^s, 3 f^s. « Aucun instituteur ne s'est présenté. »

BERTRANBOIS. — 1793. — 36 — 20 — 3 — 27 — 19 — 19.

BIBERSKIRICH. 146 h. — An II. 11 g^s, 8 f^s. « Ne s'est présenté personne. »

BOURCHEID. — 1769. Faigle. — 1790. 248 h 27 g^s, 27 f^s. — An II. Faigle écrit « Ils ne récitent pas encore devant le peuple, ils ont la tête trop rude, étant tous Allemands. »

BROUDERDOFF. — An II. 22 g^s, 28 f^s.

BROUVILLER. — 1780. — An II. Schmit a 42 ans ; « il est officier public, il a 5 enfants, 53 élèves qui n'ont fait d'autres progrès que la bonne éducation politique... il offre tous ses certificats des cid^{ts} seigneurs, prêtres et une approbation de l'ex-évêque pour être prülés sous l'arbre de la liberté. »

BULH. — 1780. — An II. 153 h. 23 g^s, 26 f^s. « L'ancien régent enseigne le français »

DIANNE-CAPEL — 1785. N. Vincent — An II. Rapport de Vincent, bien écrit, bien rédigé. « 34 ans, 38 élèves ; les décadis, ils récitent au temple. devant le peuple. Je n'enseigne ni ne fait faire aucun signe de superstition. » — An III. Georges. 13 g^s, 17 f^s.

FLESHEIM. — 1703 23 h. « La 2e charrue autrefois au M^e d'éc. » — An III. 14 g^s, 13 f^s. « Ne s'est présente personne. »

FOULCREY. — 1780. Gérardin.

FRAQUELFING. — 1778. — An II. 231 h Aubry. 19 g^s, 20 f^s. « 39 ans. Marié. M^e d'éc depuis 18 ans. Il fait réciter au temple... Il demande des grammaires et des catéchismes, il n'a plus de vieux livres, ni aucune instruction fanatique » ; belle écriture et bon style.

GONDREXANGE. — 1700. Visite de l'église. Ordre de l'évêque, au sujet de la fréquentation des écoles. — An II. 816 h. 69 g^s, 61 f^s. Jacquot.

GUNTZWILLER. — An II 277 h. « On demande un instituteur. »

HATTIGNY. — 1690. Registres bien tenus. — (1730-1731) 8 — 6 — 3. — (1745-1746) 5 — 5 — 5. — (1765-1766) 5 — 5 — 4. — (1779-1780) 10 — 9 — 6. — De 1750 à 1790, les signatures belles et nombreuses ; j'ai lu sur un acte de consécration de l'église (1730), 14 signatures remarquables d'abbés et de prieurs. Dès 1548, l'abb. de Haute-Seille fournit des curés aux paroisses (II. 576-636). — An II. Ch. Adrian.

HARTZWILLER. — An II Lassauce. 411 h. 32 g^s, 20 f^s. « Il a été fusilier et charrier. Il réclame des livres, il produit un certificat de civisme. »

HELFERING. 1700 « La 3ᵉ charrue au Mᵉ d'éc » — An III. Le cit. Engelhot déclaré incapable par le jury.

HÉMING. — 1693. Didier — 1700 Humbert — 1701. Florentin. — 1707 Masson — 1717. Florentin — 1729 Loyseleux. — 1760 Parissey. — 1764 Loyseleux. — De l'an V à 1880 15 instituteurs Traités et délib — (1730-1735) 7 — 4 — 3 — 22 signatures, 11 croix — (1750-1755) 11 — 8 — 4 — 51 signatures, 11 croix — (1795-1801) 7 — 7 — 7 — 44 signatures, 0 croix Arch bien tenues — 1770. Loyseleur — An II. 214 h « Marie, Remy a été 8 ans militaire, 31 Rᵗ, il a 27 élèves, il instruit sur l'*ABC* républicain, l'*Entretien d'un honnête homme avec un prêtre,* la grammaire française, la Société populaire et le journal républicain .. La superstition, il y a longtemps que je l'ai en horreur »

HÉRANGE. — 1713 20 h « La charrue du Mᵉ d'éc, que l'on appelle la charrue des Saints, rapporte 5 paires et demie de res... les habitants ont unanimement déclaré n'avoir jamais oui dire s'ils étaient dépendans de quelque évêché .. ils se souviennent que les hérétiques ont occupé leur pays (B. 295) — 1772. Dieudonné — 1790. 30 élèves « Il n'a pas besoin de livres. » Belle écriture — 1792. Mandoré. 4 juin. Il prête serment. — An II. Il se plaint de la négligence des parents

HERMELANGE. — 1786. Bernard, 17 gˢ, 11 fˢ.

HERTZING. — An II. 214 h 21 gˢ, 18 fˢ. Jᵇ Laurent. « Il est parti pour l'armée. » — An III. De retour, il adresse un rapport dont l'orthographe est correcte et l'écriture fort belle ; « il était Mᵉ d'éc., c.-à-d. valet des prêtres et esclave des communes .. L'installation est mauvaise .. Il enseigne tout ce qui convient à la Révolution . Il fait connaître à ses élèves et aux compagnies qu'il fréquente, l'horreur des tyrans et des prêtres .. le danger de converser avec les fanatiques et les aristocrates .. il les hait à mort . Depuis longtemps il n'a été à confesse, ni fait aucun signe de superstition... »

HESSE. — 1080. Pʳᵉ de bénédictines. — 1457 à 1752. Rôle des droitures et redevances L'abb. de Haute-Seille prend possession du Pʳᵉ (II, 585-592). — 1764. Badenoit. — An II. 500 h. 27 gˢ, 25 fˢ. L'ancien régent, 58 ans ; marié. « Je n'ai que les livres reçus de l'agent nat, sinon des journaux républicains, des discours de Robespierre... Les élèves récitent aux assemblées de la Société populaire... Lorsqu'on a dépouillé le temple, j'ai descendu le grand christ, *je me suis enfermé seul* pour le faire en place de ceux *qui n'ont pas osé .* Vive la République! » Le rapport, bien écrit et bien rédigé, n'a pas moins de 2 pages !

HOMMARTING. — 1788. — An II. 560 h. 24 gˢ. 19 fˢ. « Il n'a que 11 élèves, il se plaint des parents, il n'a besoin d'aucun livre. »

HOMMERT. — An II. 14 gˢ, 15 fˢ. « Nous prions l'administration de nous envoyer un bon républicain. »

Ibign\. — 1709. « L'évêque, en cours de visite, ordonne de fréquenter l'école. » — 1789. Voirin.

Igney. — 1692 Champion, Me d'escolle — 1693. Cardinal, Jh. — 1777 à 1794. Jh Enel; il signe tous les actes, il écrit fort bien. — 1793. L'école est fermée. Enel prend le titre de manœuvre. — 1810 Chevrier. — 1811. Jean Enel — 1813. Eulriet — 1816. Marchal; il a eu un brevet du recteur de l'Académie — 1822 à 1839. Cohn. — (1730-2740) 3 — 3 — 0. — (1760-1770) 11 — 9 — 9. — (1795-1805) 11 — 11 — 11. — (1820-1830) 8 — 8 — 8.

Iméling. — 1775. Jacquemin. — An II. 472 h. 22 gs. 31 fs. Rapport de Jacquemin « 43 ans, marié .. J'ai instruit mes élèves sur le 2e Che du catéchisme et sur les droits .. Un petit garçon et une petite fille les réciteront, décadi prochain .. »

Kerprich-aux-Bois. — 1789. — An III. 8 gs, 19 fs.

Landange. — 1680. Henriot. — 1701. Dieudonne. — 1702. Martin. — 1705. Anthome. — 1711. Lhotte. — 1717 Danenat — 1730. Barbe. — 1737. Lalot. — 1750 Barthélemy. — 1762. Gulté. — 1780 *Catram.* — An II 315 h. 27 gs, fs. « J'étais Me d'Éc... il a 38 élèves peu exacts . il fait oublier les anciens jours vieux et apprendre par primidy. . il fait réciter au temple .. » Il denonce son collègue d'Aspach « qui sonne toujours l'*Angelus* malgré la circulaire ». — An V. Adrian. — An VIII. Boisseau. — An X. Talon. — 1809 à 1880 9 instituteurs. Délib , traites nombreux. — (1730-1755) — 18 — 11 — 7 — 107 signatures, 6 croix. — (1750-1755) — 20 — 19 — 14 — 90 signatures, 2 croix.

Lettenbach. — 1780 Simon. — An II. « Il a 44 ans, il envoie les listes de ses élèves signées par le président, le vice-président et le secrétaire de la Société populaire. . il enseigne les droits de l'homme, la Constitution . Quant à la superstition, grâce à l'Être suprême, je n'ai jamais été dupe de ses fredaines... Vive la République! Vive le respectable agent national! »

Lixheim. — 672. Collégiale. — 1088. Abb. de Saint-Benoît — 1200. Monastère des bénédictines — 1550 à 1580. Ruine des monastères. — 1670 Les tiercelins desservent la cure. — 1678. le pasteur réformé ouvre une école. — 1705, 27 novembre. L'abbé Rice dresse « un estat général de la principauté : 18 villages ou hameaux, 4 villages ruinés ». L'état comprend 18 p. m-fol. « La ville compte 95 h. ou bourgeois, 18 veufs, aussy 25 h. réfugiés... Les officiers ont déclaré n'avoir jamais reconnu ni vu aucun évêque, n'y appris qu'ils ayent aucune juridiction sur la principauté; néanmoins, il y a environ 33 ans, M. l'évêque de Metz s'y était présenté pour s'y faire reconnaître; on lui ferma les portes de la ville, où il n'entra pas. » (B. 297.) — 1747. Gages du Me d'Éc., 237 liv., entretien de la maison, 36 liv. (C. 221). — 1780. Muller. —

1793. 879 h. 58 g³, 53 f³. Il prête serment —An II. P. Aruetz, 28 ans, célibataire, ancien Mᵉ d'Éc. « Il n'a jamais pratiqué la superstition ; il s'occupe continuellement à la lecture des lois, des discours de la Convention, il entretient ses élèves dans le respect et le silence, il les reprime quand ils s'écartent de l'honnêteté. »

LORQUIN. — 1128 Pⁱᵉ de Saint-Benoît — 1235. L'évêque rend au prieur un moulin confisqué pour dettes ; l'acte signé par l'abbé de Hesse et l'archiduc de Sarburg est aux arch. comm. Registres depuis 1677 bien conservés, signatures nombreuses, paraphes remarquables. —(1730-1731) 16 — 14 — 12. — (1779-1780) — 13 — 11 — 7 — 1759 Brice — 1789 Laruelle, gages 120 liv., en plus 1, 2 ou 3 sols par mois, selon la catégorie. — 1793. 916 h. 75 g³, 59 f³. Brice. « Il a renoncé à toutes les marques de la superstition, il a 40 élèves, dont 4 au temple de la Raison, ont montré au peuple leurs progrès de la décade et avec satisfaction » — 1803. Zeller; institutrice, Mˡˡᵉ Mandoloni .

NIDERHOFF. — 1788. Rudeau. — An II. 395 h. 35 g³, 29 f³.

NIDERVILLE — 1770 Bour. — An II. « Il a 49 ans, il est marié, il donne l'instruction républicaine tirée des livres qu'on lui envoie .. Il explique les lois, la connaissance des droits, il s'efforce de faire comprendre aux élèves l'horreur du vice, l'amour de la vertu, la reconnaissance, le respect pour la vieillesse et la haine des tyrans. »

NITTING. — 1780. Adrian. — An II. Son rapport est écrit avec soin, bien rédigé : « 50 ans, marié, 20 élèves. Il fait apprendre à plusieurs des morceaux choisis des livres républicains, les droits .. la Constitution.. L'emplacement de l'école est convenable, il a besoin de catéchismes, d'alphabets, de livres d'actions héroïques . La Société populaire récompense les écoliers qui se distinguent. »

RECHICOURT-LE-CHATEAU — 1770 Institution d'une rosière, discours de l'abbé Grégoire. — 1789. Laruelle. Mˡˡᵉ Gérard.

RÉDING. — 1778. Meyer. « 45 ans, marié ; les citoyens d'Etich n'envoient pas leurs enfants . » — An III, 640 h. 36 g³, 46 f³. Licourt.

SAINT-GEORGES — 1703. « Visite de l'évêque ; il enjoint aux parents d'envoyer leurs enfans à l'école. » — (1760-1770) 25 — 16 — 11 — 114 signatures, pas une croix.

SAINT-QUIRIN. — 966. Pⁱᵉ de Saint-Benoît — 1326. Hôpital. — 1780. Dupont. — 1788, 5 mai. Fondation d'une école de filles par l'abbesse et le chapitre. — An II. L'ancien Mᵉ d'Éc. a 31 ans, il est marié. « Nous commençons un peu à oublier les pratiques de la servitude et de l'exécrable tyrannie pour ne plus pratiquer que les vertus républicaines... Les élèves récitent des hymnes patriotiques, en observant et pratiquant les décadis... J'ai renoncé à la superstition, aux préjugés du fanatisme des prêtres, les escroqueurs du

peuple, à la tyrannie des rois, fléaux des peuples escla-
ves... » Marguerite Colnet, institutrice, a 39 ans; c'est
une ex-religieuse : « J'instruisais la jeunesse et je portais
secours aux malades .. je tâche de me conformer aux lois...
mes élèves récitent aux décadis .. on ne peut pas me faire
de reproche d'incivisme »

SARREBOURG — 1226 Collégiale, l'acte de fondation fait mention de l'écolâtre, chargé d'enseigner — 1234 Cordeliers.
— 1406 Sœurs de l'ordre de Saint-Dominique.— 1629 Capucins.— 1657. Bossuet, archidiacre, s'occupe de l'instruction —
1770 P. Elle. — An II — 1330 119 gs, 75 fs. « Il a 44 ans, il
est marié, chargé d'enfants, sa vocation a toujours été d'enseigner . il ne peut élever sa famille . il est découragé par
la négligence des parents .. il apprend à ses élèves les
vertus et les mœurs, la lecture, l'écriture, l'orthographe,
l'arithmétique... il demande 2 douzaines et demie d'alphabets et de récits d'actions héroïques .. » Son rapport est parfaitement écrit, bien rédigé : « Ce serait insulter à la fierté
républicaine de répondre à la 11e question ; il lui répugne
de faire son éloge, c'est à l'agent national, à ses conci-
toyens à le juger! » Le rapport que Marie Leclerc, institutrice, adresse à l'agent est curieux; il le faudrait tout citer :
« Avant d'être en fonctions, elle donnait des soins à l'instruction et aux malades .. Je ne suis pas mariée, tu le sais
Mon logement est peu convenable, mes élèves sont distrai-
tes par le bruit des enfants qui occupent la même maison...
L'instruction que je donne, c'est d'apprendre à mes élèves à
être bonnes républicaines, d'obéir aux lois, lire, écrire, l'orthographe et l'arithmétique... Mes élèves récitent devant
le peuple, quand on les fait réciter... Tu le sais bien... il
répugne à une âme honnête de faire son éloge... Pour ce
qui est de la superstition, je ne connais pas ce terme, jamais je n'ai donné dans ce travers, tu dois me connaître. »

J'ai trouvé aux archives de la Meurthe (t. 131, 132, 133), les
documents les plus complets sur l'état de l'instruction dans les
78 communes de ce district : lettres, circulaires, tableaux,
procès-verbaux d'examens, de serments, rapports de l'agent
national, du jury et des instituteurs; il y a là un dossier
important à consulter pour se faire une idée exacte de la
situation des écoles et des maîtres. Quelques extraits : —
1792, 1er fév. Tableau rédigé d'après le modèle envoyé par
le représentant du peuple, Argobast, qui, rappelé en l'an III
à la Convention, ne visita pas le district. — 1793. Circulaire
de l'agent national, Jordi, aux instituteurs, 11 articles; il
exerça sur eux, par la terreur, la plus détestable influence.
— An III. Tableau de la distribution des écoles en 24 cen-
tres, il y en a qui comptent plus de 5 communes... Il est
impraticable, la commission proteste. — État des deniers
payés par le receveur du district, dans le courant de ger-

minal, à 36 instituteurs : total 9,131 fr. — 28 prairial. Rapport du jury au procureur syndic : « Le concours a eu lieu le 11 vent, il a été clos le 25 — 24 cit et 3 cites se sont présentés ; il a fallu se restreindre à n'en choisir que 9 et 2 institutrices. Le défaut absolu de capacité dans les uns, l'immoralité notoire chez les autres ont éliminé le surplus des concurrents. Il devait exister 24 écoles primaires des deux genres pour les 78 communes, il en reste 15 de vacantes de l'un et 22 de l'autre. S'il se présente si peu de sujets pour remplir de si belles et si importantes fonctions, *c'est que l'enseignement du culte ne fait pas partie de l'instruction des enfants*. c'est la seule cause de l'éloignement des instituteurs, car dans la plupart des communes, l'esprit de religion domine et la raison est sur ce point dans l'enfance. Le jury n'a rien à se reprocher ; il a adressé de nombreuses proclamations, il a répété *ce sophisme* : « la Convention a créé pour l'instruction une magistrature. il y a loin de l'instituteur à l'ancien maître d'école ravalé par le triple esclavage de son curé, de sa commune, des parents de ses élèves. » Comparez, de l'an II à l'an XI, les rapports et les actes des instituteurs de la Convention avec les rapports des maîtres de l'ancien régime et jugez[1]

VALSCHID. — 1760. — An II. Gasser, 34 ans, marié, agent nat. à Lorquin et Bonnetier, c'est un maître nouveau · il expose sa méthode : « Depuis 17 ans, je n'ai entré dans ces sottes guérites que lorsque je me suis marié. » Il se plaint du petit nombre de ses élèves, l'ancien maître d'école a ouvert une école fanatique.. « le maire y envoie sa fille ». — An III. On refuse un certificat de civisme à Gasser, qui n'a ni orthographe, ni style, ni moralité. Il proteste le 6 prairial, le cit. Houer, conseiller de district, est chargé de vérifier les motifs du refus. »

VASPERVILLER. — 1780. Jacquot — An II. « Son fils, H. Jacquot, a 17 ans, 60 élèves ; il enseigne à lire, écrire, les droits de l'homme ; il donne congé le quintidi et se repose le décadi. » Rapport bien rédigé, écriture correcte.

VIEUX-LIXHEIM. 274 h — An III. Muller. 34 g⁵, 30 f⁵.

VOYER. — 1781. Masson. — An II. marié, 54 élèves — « La classe se tiendra au temple, jusqu'à ce qu'il fera froid. J'instruis sur les livres que vous m'avez envoyés ; les élèves réciteront décadi prochain, je vous le promets ; j'espère que bientôt ils deviendront tous bons républicains, n'en doutez pas... mais je suis en peine de savoir où j'aurai un poële convenable pour l'hiver... Je suis en attendant le plaisir de conférer avec vous, votre concitoyen. »

XOUAXANGE — 1789. — An II. 304 h. 17 g⁵, 13 f⁵. F¹. Seingry. « 34 ans, marié, il enseigne à lire, à écrire, les principes de grammaire et d'arithmétique.. il a été maître d'école ; il a des ennemis, tout le monde en a, toi qui remplis tes fonctions en bon patriote et en bon républicain, n'en as-tu pas? »

VINTERSBOURG. — An II. L. Charpentier. 30 ans, célibataire, ci-devant tissier ; il expose sa méthode et ses principes : « Si je ne serais pas affligé d'un œil, j'aurais parti aux frontières .. j'ai renoncé à la superstition, je donne l'exemple de toujours satisfaire aux réquisitions . j'ai fait deux discours *énergiques* à la Société de Linheim, suivant mon talent, je n'ai pas fait d'études .. » On s'en aperçoit, l'écriture, le style, l'orthographe, tout est mauvais ; il a été cependant fort applaudi et « ses discours ont eu les honneurs d'être inscrits sur le registre ».

—— 2. ARCHIPRÊTRE DE VERGAVILLE.

ANGVILLER. — 1789. — An II 174 h. 13 g⁸, 8 f⁸. « Réunie à Bisping »

ASSENONCOURT. — 1780 — 1792. 410 h. 40 g⁸, 30 f⁸. « La municipalité ne peut se procurer d'instituteur ; elle demande d'installer une école au presbytère. — An III. L'agent national de Dieuze, Vautrin, renonce à ses fonctions pour diriger l'école qui comprend 4 communes. C'est un homme intelligent : il lutte contre le jury et le directoire pour conserver la résidence qu'il a choisie. Un arrêté du comité exécutif, signé Ginguené, lui donne raison.

AZOUDANGE. — 1789. 392 h. 35 g⁸, 28 f⁸.—An II. « Aucun instituteur ne s'est présenté. » Réunie à Assenoncourt.

BASSING. — 1615. Minimes. Inventaire de leurs titres et rentes (H. 975). — 1620. Gages du Mᵉ d'éc. et aussi de la Mˢˢᵉ (H. 991). — 1789. Fr. Masselat. 258 h. 30 g⁸, 21 f⁸. « A l'examen du jury, Masselat fait preuve d'une grande habileté pour l'arpentage . on lui recommande de ne pas négliger sa classe *pour des operations privees et lucratives.*

BIDESTROIF. — 1750. « Il y a une fondation pour une sœur chargée de visiter les malades et d'instruire les enfants. » — 1785 Jʰ Masselat. — An II. 290 h. 18 g⁸, 16 f⁸. Marie Briot ajournée par le jury (16 pluv.). — An III, « elle a des dispositions, du zèle, elle sait lire couramment et enseigner .. Mais elle ne sait pas expliquer la morale républicaine et faire connaître tous les droits et les devoirs du citoyen...» Jʰ Masselat est aussi ajourné. « Il a des dispositions, beaucoup d'aménité, il réussira... »

BISPING. — 1789. 393 h 31 g⁸, 26 f⁸. — An II. « Personne ne se présente, l'administration insiste pour la nomination d'un instituteur. »

BOURGALTROFF. — 1780. Fr. Gambaire. — An II. 500 h. 33 g⁸, 30 f⁸. — An III. Reçu par le jury : « Il sait bien la morale républicaine, pas assez l'orthographe, il se livre parfois à la boisson. »

GUITING. — 1780 Demange. — An II. 342 h. 36 g⁸, 26 f⁸. « Il exerce les fonctions de greffier. »

DESSELING. — 1785. N. Friche. — An II. 281 h. 30 g², 24 f².
« On demande le presbytère pour y loger l'instituteur. »

DIEUZE (*Decem Pagi*). — 1470. Hôpital fondé par le gouverneur des salines — 1748 Tiercelines ou sœurs grises. —
1588. Gages du M⁰ d'éc. (B 906) Sommes payees au M⁰ de
latinité (H. 1,018). Catalogue des confreries (H. 1,020). —
1616. Minimes. Comptes des recettes et depenses Inventaire
des meubles, de la bibliothèque (H. 1,010-1,015) — 1620.
Religieuses de la congregation de Notre-Dame. — 1715.
Hôpital Saint-Jacques — 1751-1755 31 miliciens, dont 21
ont signé (C 243) — 1756 Hôpital Saint-Charles. — 1773.
Pensionnat de la sœur de Rieux, élève de Saint-Cyr. Un
vicaire de la paroisse, l'abbe Moye, ecrit « son projet des
écoles de filles de la Providence », dont il fut le fondateur.
— 1779, 9 juin. Un rapport du subdelégué, M. Charles,
résume la situation : « Il faut une gratuite plus large, une
plus serieuse attention de la part des maitres pour enseigner à lire, la doctrine chretienne, l'arithmetique .. ils sont
trop assujettis aux curés. . il importe de les entendre con-
tradictorement avec eux, lorsqu'il s'agit de les congédier.
Pour eviter les brouilles et les divisions, il faudrait interdire aux maitres de tenir les greffes, d'écrire les rôles,
deliberations, requêtes .. en aucun cas d'être ni pauliers,
ni cabaretiers, ni exercer aucun métier peu decent. . de
donner à prix d'argent des soins particuliers à quelques
écoliers .. les traités devraient être soumis à Mr l'intendant. »
— 1789. Environ 300 maisons et 500 feux. — 1790. 3,169 h.
163 g², 161 f², en âge d'aller aux écoles. — 1791. Jh Steph
continue l'école, 3 institutrices laiques, les cit⁰ˢ Petitquin,
Miller et Morelle, remplacent les religieuses. — An III. Le
jury ajourne la cit⁰ Morelle peu capable. 9 mess. Steph
demande un traitement de 3,260 fr. « Attendu qu'il est
seul pour remplir la tâche. » On consulte la commission
exécutive et le representant en mission. 19 brum Examen
de 2 élèves pour l'école normale de Paris, leur nomination, leur refus motivé parfaitement écrit et redigé. Lettre
indignée de Guiguené aux administrateurs. « Ils ne sont
vraiment pas patriotes, s'ils n'évitent au district le déshon-
neur d'être le seul non representé à l'ouverture des cours. »
— 22 vent Examen pour l'admission à l'ecole de santé de
Strasbourg; 2 candidats se présentent, Marchal, de Bourgaltroff, est admis après un brillant examen, « il a fait preuve
d'une mémoire heureuse et d'un esprit méthodique. » J'ai
trouvé aux archives de la Meurthe (t. 82) des registres,
des tableaux, des liasses de circulaires, de lettres, de procès-verbaux, d'arrêtés, qui m'ont permis d'établir la situation des écoles dans les 72 communes de ce district.
L'agent national, l'administration, le jury d'instruction, dé-
ploient une grande activité; ils ne peuvent empêcher ni
la décadence, ni la ruine des écoles. Voici, par canton, une

récapitulation de l'état dressé, d'après les états partiels envoyés par les communes, le 12 prairial an II, en exécution du décret du 29 frimaire.

NOMS des cantons.	COMMUNES.	INDIVIDUS.	ENFANTS en âge de fréquenter l'école		INSTITUTEURS	INSTITUTRICES	MONTANT des traitements d'après les bases déterminées par la loi.	
			Mâles.	Femelles.			Institeurs.	Institutrices
Albestroff. . . .	14	4,899	326	307	5	»	6,820	4,605
Bissing.	15	4,238	336	303	6	1	6,720	4,515
Conthil.	12	2,986	214	169	3	»	4,280	2,555
Dieuze	13	6,609	371	360	6	4	7,420	5,400
Fenetrange. . .	8	1,135	273	201	3	»	5,300	3,365
Fribourg	10	3,414	268	264	5	»	5,700	4,140
TOTAUX . .	72	26,581	1,788	1,604	28	5	36,240	24,590

La loi du 27 brumaire modifie cette situation — Le 8 niv. an III, la commission envoie au département une nouvelle démarcation, par l'approximation de 1,000 habitants. Il y aura 24 écoles de garçons et 24 écoles de filles . La loi est impraticable, la commission proteste; elle envoie un croquis de carte et un tableau .. il n'y a plus que 11 instituteurs et 2 institutrices! « Dans 30 des 72 communes, on ne parle qu'allemand, envoyez-nous des instituteurs sachant les deux langues, des propagandistes .. nos superstitieux Allemands, ah! que nous aurons de peine à les civiliser! Nous sommes forcés d'avouer que nous n'avons rien fait pour l'exécution de la loi du 8 pluv., qui ordonne l'institution d'instituteurs de langue française. » Conflit entre l'administration et le jury, qui se montre trop sévère dans l'examen des aspirants . échange de dépêches entre l'administration et la commission exécutive de l'instruction publique.

DOMNOM. — 1792. 250 h. 15 g^s, 20 f^s. « Personne ne s'est présenté. »

FRIBOURG. — 1789 Zeller. — 1792. 473 h. 24 g^s, 40 f^s. — An II. « On demande le presbytère. »

GELUCOURT, — 1270. Procès entre les habitants et le chap. au sujet d'une charrue à céder au M^e d'éc — An II. 515 h. 40 g^s, 30 f^s. « Personne ne s'est présenté » — An III. 30 brum. Assemblée des citoyens, élection du volontaire Lescar, en qualité d'instituteur, à l'unanimité des 60 votans, dont 55 ont signé l'acte.

GUÉBLANGE — 1770. J.-B André. — An II. 266 h 16 g^s, 12 f^s. « On réclame le presbytère pour y installer l'école. »

GUÉBLING. — 1786 Fondation d'une école de filles. — An II 298 h. 31 g^s, 27 f^s. Masselat.

GUERMANGE. — An II. 411 h. 25 g^s, 31 f^s. « L'école sera ouverte en hiver. »

GUINZELIN. — An II. 178 h. 15 g^s, 12 f^s « On demande le presbytère. »

KERPRICH — 1785. Aubin. — 1792. 270 h. 17 g^s, 12 f^s. « Le procureur sindic fait interdire l'école d'Aubin Le 31 decembre, à 9 heures du matin, le Maire, les officiers municipaux, le sindic se présentent au domicile d'Aubin ; ils y trouvent 25 ou 30 enfants . ils lui demandent de quel droit il fait école? Il répond qu'il ne dépend de personne, que la liberté l'autorise... on dresse procès-verbal, ainsi qu'au sujet d'une assemblée de grands garçons qu'il enseigne le soir. » L'huissier Roux signifie l'arrêt, le 23 janvier 1793.

LANGUINBERT. — 1765. N. Mangin — An II 460 h. 47 g^s, 52 f^s. Choisi par le conseil, Mangin subit l'examen à Dieuze. « Il répond bien aux questions sur la liberté, l'égalité, la sûreté .. a-t-il lu la déclaration des droits? Non, il ne l'a que parcourue... la constitution décrétée le 18 aout dernier (vieux style)? Non. Le decret sur l'instruction publique? Oui, il l'a lu publiquement le jour de decade. » Mangin est admis, il a 55 ans, il exerce depuis 28 ans.

LIDOR. — 1780. Roibaker. — An II. 370 h. 36 g^s, 40 f^s. « On demande le presbytère. »

LINDRE-BASSE. — 1780. Karquel. — An II. 292 h. 14 g^s, 18 f^s. « On demande le presbytère. »

LINDRE-HAUTE. — 1789. — 74 h 2 g^s, 3 f^s. « A une demi-lieue de Dieuze et de Lindre-Basse. »

LOSTROFI. — An II. 222 h. 21 g^s, 28 f^s

LOUDREFFING. — 1780. — An II. 491 h. 30 g^s, 33 f^s. « École fermée, on demande le presbytère. »

MARIMONT. — 1770. — An II. 140 h. 9 g^s, 5 f^s. « Unie à Bassing. »

MITTERSHEIM. — An II. 752 h. 42 g^s, 38 f^s. « Nonobstant plusieurs publications, personne ne s'est présentée. »

MOIRING. — An II. 75 h. 6 g^s, 7 f^s. « Unie à Guinzelin. »

RHODES. — 1789 Fr. Mangin — An II. 330 h. 37 g^s, 33 f^s. — An III. « Il a reçu 20 alphabets et 20 catéchismes pour les enfants pauvres »

RORBACH. — An II. 120 h. 11 g^s, 5 f^s. « Unie à Cutting. »

ROMECOURT. — An II 60 h. 3 g^s, 4 f^s. « Attendu le petit nombre d'habitants, il n'y a jamais eu d'école. »

TARQUINPOL. — 1789. — An II. 118 h. 7 g^s, 6 f^s. « Unie à Assenoncourt » — An III « État des antiquités recueillies et transmises au département. »

VERGAVILLE. — 916. Abb. de bénédictines — 1200. Maladrerie. — 1250. Maison-Dieu. — 1640 « Le malheur des guerres et la misère des temps forcent les religieuses à abandonner leur monastère. » — 1661. Don du pré de la maladrerie : « Ce pour un Mᵉ d'école en percevoir les fruits, lequel, chaque lundi, après le Salve, dira un *De profundis*, à l'intention des membres du chapitre et de leurs successeurs. » (G 514) — 1750 Reconstruction totale du monastère. — 1760. Je lis dans une déclaration fournie par l'abbaye : « Outre le logement, l'abbaye delivre au Mᵉ d'ec par année, 13 quartes de blé, faisant plus de 5 resaux, et par bienfaisance, 3 resaux à la Mˢˢᵉ d'ec. » Au chapitre des aumônes · « Pour l'écolage des pauvres enfants : 68ᵗ. » — 1766. Le curé fait don d'une maison pour loger la Mˢˢᵉ d'éc. — 1792. 829 h 50 gˢ, 50 fˢ. J. Renaux et Marie Lallemand cid' Mᵉ et Mˢˢᵉ d'éc. dans la commune, « ou ils ont rempli fidèlement leurs devoirs avec exactitude », sont installés par la municipalité, aux gages de 1,000 et de 750 fr. — An III. 28 pluv. Mᵉ Lallemand, ex-vatelotte, subit l'examen à Dieuze. « Après l'avoir fait lire, écrire sous la dictée et lui avoir proposé des questions sur la morale républicaine, sur la grammaire, sur l'orthographe et des exemples de calcul simple, nous l'avons reconnue capable de continuer ses fonctions. . d'après ces réponses et solutions et sur son assertion qu'elle fait faire plusieurs ouvrages manuels, comme tricoter, coudre, filer et broder et après avoir entendu de ses élèves qui, en articulant et prononçant distinctement, ont récité la déclaration des droits et quelques passages de morale républicaine... »

ZOMMANGE. — 1785. Martin — An II 72 h. 6 gˢ, 5 fˢ. « Il demande des livres élémentaires pour l'hiver. »

3 ARCHIPRÊTRÉ DE BOUQUENOM.

BUTTEN-LORENZEN. — 1721, 20 octobre. Visite de l'archipr. à Butten; un ministre et un Mᵉ d'éc. de l'Église luthérienne à Lorenzen; « le roy paie 75ᵗ annuellement au Mᵉ d'éc. catholique. »

BETTBORN. (Fontaine de la prière) — 1707, 11 janvier. Requête du curé au bailli de Fenetrange au sujet de l'obligation de fréquenter les écoles.

BERTHELMING. — 1707, 7 novembre. Un huissier, à l'issue de la messe paroissiale, publie un ordre du bailli. Obligation pour les pères, mères et tuteurs d'envoyer les enfans à l'école, « sous peine d'un schelling d'amende chaque fois qu'ils y manqueront; l'église paiera la rétribution des pauvres ».

BOUQUENOM. (Bockenheim.) — 1630. Fondation et charges du collège. « François II, pour rétablir la foy catholique bannie du comté, durant l'usurpation des comtes de Nassau, juge qu'il ne peut rien faire de plus avantageux pour la gloire de Dieu, le bien et utilité de ses sujets que de fonder un collège et de le confier aux PP. de la Compagnie de Jésus; il leur attribue les rentes et revenus de l'Abb d'Herbstzeim (12,000 liv. environ), dont les Nassau ont chassé les religieuses de Saint-Benoît ; il leur donne aussi un hôtel avec des maisons joindantes, qu'il a achetées, en outre les jardins de l'hôtel, à charge de bâtir les logements et classes nécessaires ; d'enseigner les cas de conscience et tout ce qui sera des humanités jusqu'à la rhétorique inclusivement, et ce, en 5 ou 6 classes. Et comme ses sujets allemands sont environ le tiers des habitans, il veut que les regens sachent parler allemand. Le collège sera chargé de l'entretènement annuel et perpétuel de 6 boursiers .. « que si entre eux il s'en recognoit de bel esprit, capables de la philosophie et de la théologie, le collège les fera étudier à l'université du Pont ou ailleurs . Il fournira pour chacun an 1,500 liv. à leur entretènement. » — 1631 Dames de la Congrégation, école gratuite et pensionnat (G 718) — 1724. État de visite : « le maître tient l'école, hiver et été ; les religieuses de la Congrégation ont soin des filles » — 1747 Gages du Me d'éc : 255 liv., horloge 46ll 9s — 1768 Les chanoines réguliers remplacent les jésuites dans la direction du collège 1 principal, 5 régents — 1770 Le roi, par lettres patentes, accorde 3 bourses pour de pauvres écoliers.

DONFESSEL. — 1721. « Il y a un Me d'éc. catholique, qui n'est pas logé, et un luthérien ; il y a une fondation »

FÉNÉTRANGE. — 1200 Pre de Saint-Léonard. — 1495. Collégiale supprimée en 1565, rétablie par le roi en 1660. — 1559. Maison-Dieu. — 1669 à 1699. État des gages des maîtres catholiques (C 6081) — 1746. Traité pour 3 ans, entre Keller, chantre, maig. et Me d'éc. du ché et de la pe et le doyen et les officiers municipaux, « à la satisfaction du procureur du roy, sous l'approbation de l'évèque ». Il aura soin des filles, il sera logé aux frais de la ville, il recevra 2s par semaine par écolier, il jouira d'une double portion d'affouage et de l'exemption de toutes impositions. — 1749. Organiste, 250 liv. Réparations aux maisons d'école (C. 221.) — 1756-1757. Le doyen fait dresser plusieurs procès-verbaux contre Keller, pour inexécution de son règlement. — 1759. Art 11 du compte de dépenses : « 20l 6s 11d au régent d'école pour avoir sonné la retraite ». Art. 22, 2l 17s 6d au régent d'école pour copie du traité... — 1761, 9 décembre. Traité entre B. Franty, théologien, et le lieutenant général, échevin et syndic de Fénétrange, avec l'approbation des membres de la collégiale, sous l'agrément de l'évèché et à la participation du procureur du roi. Le traité contient 8 articles : il enseignera l'allemand, le français, le latin, il ne recevra aucune fille... Il tirera, par année, 200 liv. de fixe de l'hôpital pour l'instruction des indigens ; il leur donnera, comme aux riches, des principes de latin, s'ils ont les qualités requises; par la fondation de l'hopital... 3 liv. par mois, pour les élèves de 6ᵉ et de 5ᵉ; 4 liv. pour ceux auxquels il enseignera la poésie et la rhétorique; il jouira de plusieurs avantages : jardins, prés, franchises, double portion d'affouage livrée franche à la porte de son logis; la ville fournira tables, bancs et bois. — 1781, 4 avril. A la requête des officiers municipaux directeurs et administrateurs-nes de l'hospice qui contribue, avec la ville, à la retribution du regent, une ordonnance de l'evêque impose un nouveau règlement en 12 articles : « L'année scolaire sera terminée par une séance publique, dans laquelle les ecoliers rendront compte des matières, qu'ils auront vues dans le courant de l'année, et cela d'après un programme qui en sera rédigé par le regent. Le cure visitera, de temps en temps les classes, ou se fera rendre compte des progrès des enfants, des abus, s'il y en a, le regent rendra compte aussi aux officiers municipaux de la conduite et des progrès des élèves, il préviendra les parens des derangemens qui parviendront à sa connaissance. » — 1789 N. Poirot. — An II. 1197 h 60 gˢ, 39 fˢ. « La municipalite n'a pu se procurer d'institutrice.» Certificat de civisme délivré à Poirot, 12 belles signatures.— An III. « Il reconnait avoir reçu 40 alphabets et 40 catéchismes, pour être seuls enseignés, jusqu'à ce que la Convention en ait envoyé d'autres pour les distribuer aux enfants des sans-culottes. » La municipalité s'oppose au départ de l'instituteur Brunnel. — 3 vent. Declaration de Poirot, un vrai modèle de style et d'ecriture. —5 germ. Un rapport de l'agent national, qui prouve son ignorance et sa mechancete.

HAUT-CLOCHER. — 1780 Klein. — An II. Il envoie à l'agent nat. dont il se dit, *avec respect, le tris dévoue concitoyen,* un rapport de 3 pages bien ecrit et bien rédigé. « Il est marie, il a 20 ans de service, la maison appartient à la commune; il parle au temple, chaque décadi; les enfants sont stupides, mal élevés .. Il y a longtemps qu'il déteste la superstition, il cherche à la déraciner, à semer les vertus républicaines... Sa tâche est pénible : le curé déporté y a formé une aristocratie, qui le deteste. »

HERDITZEN. — 950. Abb. de bénédictines. — 1579. « Le comte de Nassau s'est saisi des rentes, il n'y a plus de religieuses. » (B. 281.)

LANGATTE. — 1776. Rothbaker. — An II. 22 gˢ, 12 fˢ. Il est marie, il a 36 ans. Les enfants frequentent peu l'école; « les uns gardent les bêtes, les autres les enfants au berceau, d'autres vont glaner, chercher du bois, ou des poires pour faire du vinaigre; ils viendront en hiver; il a besoin d'un dictionnaire allemand-français; il a beaucoup de mal, personne ne connait le français, il lui faut interpreter les décrets. »

NIDERSTINZEL. — 1780. Christmann. — An II. 526 h. 33 gˢ, 40 fˢ. « On répare le logement de l'instituteur. »

POSTROFF. — 1789, N. Faber. — An II. 381 h. 28 g³, 26 f³.

ROMELFING. — An II. 483 h. 49 g³, 21 f³. « Aucun instituteur ne s'est présenté. »

SAARWERDEN. — 870. Monastère d'augustines. — 1130. Collégiale. « Il y avait 6 chanoines, le prevot d'iceux y compris » (Lay. de Sarbruck.)

SAINT-JEAN-DE-BASSEL. — 1440. Monastère d'augustines — 1560. « La malice du temps, la guerre, la stérilité de la terre et autres malheurs déterminent l'Abbesse à résigner iceluy entre les mains de l'évêque, qui en fait don aux chevaliers de Jérusalem. » — An II. 229 h. 15 g³, 21 f³. « Aucun ne s'est présenté. »

SAARALTROFF. — An II. « Brutus Melger, 26 ans, célibataire. Avant que j'étais instituteur, j'étais patriote, réfugié de Mayence, mais pas des curés ou ecclésiastiques... 11 élèves au lieu de 80 portés sur ma liste... Pas besoin de livres... Je fais réciter les enfans au temple de la Raison.. Je leur inspire haine aux tyrans... Je m'efforce par mon zèle et mes discours de faire disparaître le fanatisme et la superstition... » Il ajoute en post-scriptum : « L'agent de la commune va quitter, je ne sais où je me mettrai en pension, ceux qui pourraient me prendre chez eux sont des aristocrates et des fanatiques, lesquels ont déjà longtemps voulu me voir crever de faim, et le couple des patriotes qui me prendraient sont de pauvres citoyens, des sans-culottes. »

SCHALBACH. — 1789 Jacob. « 44 ans, marié, 44 élèves; il s'applique continuellement à la lecture des décrets pour les expliquer en français et en allemand... il ne se mêle d'aucun fanatisme. »

SULTZEN, — 1721. « Un Me d'éc, qui a la pension du roy. »

VECKERSVILLER. — 18 f. 1700. Procès-verbal d'élection du Me d'éc. 19 signatures, 11 croix. — 1770. Muller, — An II. Il écrit à l'agent nat.: « Les enfants sont absolument méchans et grossiers.. Je te prie, citoyen, d'enjoindre à la municipalité de prescrire des mesures, il faut des ordres rigoureux... Il fait des exhortations au temple de la Raison, il offre de l'argent, des chemises pour les défenseurs de la patrie *pour donner l'exemple aux autres* .. »

VIBERSVILLER. — An II. 415 h. 49 g³, 29 f³. « On se plaint de l'insouciance des parents; point d'instituteur ne s'est présenté. »

Rien de plus triste que les rapports des instituteurs des districts de Dieuze et de Sarrebourg; je me suis borné à quelques extraits... Je démontrerai, dans une étude spéciale, que la Convention, qui a détruit les anciennes écoles, a été impuissante à en organiser de nouvelles. Voici en quels termes, l'abbé Grégoire résume la situation . « Un décret de la Convention expulse des presbytères les pasteurs dénoncés aux comités révolutionnaires, souvent par des Mes d'éc... On y installe ces magisters, presque tous ignorans et crapuleux, qui dévastent les maisons et perçoivent un traitement sans fonctions, car toutes les âmes honnêtes répugnent à leur envoyer des enfants... Souvent, ils ne leur parlaient de religion que pour la ridiculiser, ils ne prononçaient pas le nom de Dieu, ils empêchaient qu'ils n'apprissent à le prier. Dans quelques écoles, on faisait le signe de la croix au nom de Marat, de Lazouski... » (*Mém. de Grégoire.*)

4. Archiprêtré de Saint-Arnual.

PUTTELANGE. — 1740. « Le vicaire demande l'autorisation d'instruire 16 jeunes gens. »

SARREGUEMINES (Guermundo.) — 1450. Collégiale. « 50 florins assignés aux chan. par le duc de Lorraine pour leurs services. » Comptes de ville. (1508 à 1667.) — 1670. Capucins. — 1747. Gages des régents et des régentes d'éc. de la ville. (C. 221.) — 1767. Érection de l'église en cure; elle étoit auparavant annexe de Neunkirch. — 1777. Régent d'éc. 250 liv.; organiste 300 liv.; réparations des maisons d'éc. 850 fr.

SARRALBE. — 1747. Gages du Me d'éc. 263 liv. (C. 221.) — 1780, 8 avril. Le subdélégué, M. Maurice, adresse à l'intendant un rapport très complet et bien rédigé. Voici quelques-uns de ses vœux. « Dans le choix des Maîtres, préférer ceux qui savent l'allemand et le français; c'est le seul moyen d'apprendre aux gens de la campagne ce que l'on « exige d'eux par les arrêtés et les ordonnances, qu'ils ne comprennent pas », Il y a lieu de modifier la coutume en ce qui concerne la nomination et la rétribution des maîtres : « Exiger qu'ils fassent preuve de capacité dans un examen sérieux; fixer leurs gages de 240 à 480 liv., selon l'importance des communautés ; leur assurer un logement, un jardin, autant que possible de quoi nourrir une vache... Au moyen de ces précautions, les paroisses seroient pourvues de bons sujets, tandis que les trois quarts et demi sont des ignorans, parce qu'on ne cherche qu'à les louer à vil prix; j'en connois qui n'ont pas 6 louis de gages et un casuel qui ne passe pas 6 francs. »

Ce rapport, que je voudrais citer en entier, est certainement trop sévère pour ce qui concerne la valeur des maîtres, mais il démontre que partout il y avait des écoles.

5. Archiprêtré d'Hornbach.

ACHEN — 1790. « 22 liv. à Madeleine Hazzaut, Msse d'éc. »

BITCHE — 1450. Augustins. — 1583 Gages du Régent d'éc. 363 liv. (B. 3,043.)

HORNBACH — 727 à 1200 Abb de Saint-Benoît « Les ducs de

Lorraine y fondent 12 bourses pour les fils de gentils-hommes. » — 1559. « Les palatins, comtes de Deux-Ponts se sont saisy de cette abbaye princière, y ont érigé un collège protestant. » Le premier recteur, Tremellius, est un savant orientaliste. (B 285.) — 1570. L'évêque rétablit les religieux de Saint-Benoît. Ruinée par la guerre, l'abbaye est fermée. — 1750. La nef de l'église sert de temple aux calvinistes.

— 6. ARCHIPRÊTRÉ DE NEUMUNSTER.   •

NEUMUNSTER. — 1050 Abb. de bénédictines. — 1560. « Elle est présentement aux mains du comte Albert de Nassau ; il n'y a plus de religieuses. » (B. 285.)

État actuel de mes recherches

L'enquête est à peu près terminée dans les archiprêtrés de Metz, de Marsal, de Morhange, de Vic, de Nomeny, de Mousson, de Gorze, d'Hatrize, de Sarrebourg, de Vergaville, de Bouquenom ; sur 320 paroisses dont les archives ont été explorées, 312, avant 1789, ont au moins une école. Je serais en droit d'affirmer que les résultats ne sont pas moins satisfaisants dans les 3 archiprêtrés où je n'ai pu encore achever mes recherches : en effet, les prescriptions des conciles de Metz (751 et 908), de Thionville (821), de Trèves (845), de Savonnières (859), sont formelles et impératives ; les statuts des synodes (1633, 1670, 1679, 1688, 1699) renferment les instructions les plus précises sur la nécessité des écoles, la surveillance des maîtres, la séparation des sexes, j'ai relevé aussi, avec le plus grand soin, dans 75 paroisses, le chiffre des conjoints qui ont, à diverses époques, signé leur acte de mariage ; dès que j'aurai complété mon œuvre, je dresserai, comme pour les diocèses de Toul et de Verdun, un tableau comparatif comprenant les paroisses pourvues d'écoles et la moyenne des conjoints. Les chiffres consignés dans les chapitres de cette deuxième partie prouvent que le nombre des signatures est en général considérable.

TROISIÈME PARTIE
Notices.

—

CHAPITRE Ier

METZ. — (*Divodurum, Civitas Mediomatricorum. Metis.*)

1. Écoles des druides (').

Longtemps avant l'ère chrétienne, les druides, prêtres, magistrats, instituteurs de la jeunesse, exercent leurs fonctions à Divodurum, l'antique forteresse des Gaules. « *Longo Divodurum præcessit tempore Romam.* » Chassés par les légions romaines, ils se retirent dans les sombres vallées de Gorze (*gurges*). Les druidesses ont aussi leur action sur l'éducation des femmes.

2. Écoles gallo-romaines.

A la fin de IIIe siècle, la Gaule, vaincue mais non asservie, a adopté les usages, les goûts, le luxe, les lois du vainqueur ; à l'Est, comme au Midi, il y a des basiliques, des cirques, des théâtres, des écoles. Par ses magistrats annuels, par son sénat, la cité règle ses affaires, fonde des écoles, choisit les maî-

(') V. César, *De bello Gall.*, VI; — Lucain, *Phars.*, l. III.
R. Cajot.

tres et les rétribue largement. *Metis* entretient des grammairiens, des rhéteurs, des philosophes, des jurisconsultes renommés, « *legum cati, fandique potentes* », au dire d'Ausone. Mamert Claudien, Sidoine Apollinaire, au Vᵉ siècle, déplorent la décadence des études. On y enseignait le latin, le grec; des inscriptions, des épitaphes prouvent l'importance de ces écoles.

3. École cathédrale.

Environ l'an 247, le premier évêque des Médiomatriciens, Clément, construit, au centre de la ville payenne, un oratoire; il y instruit un petit nombre de fidèles, c'est le devoir de l'évêque. Il a visité les écoles des druides, qui l'ont bien accueilli, dit un de ses hagiographes, il a pleuré sur l'insuccès de son apostolat. — 409. Les Vandales couvrent de ruines le pays situé entre la Seille et la Moselle; la ville est défendue par ses remparts, mais la veille de Pâques (451), Attila s'en empare, un immense incendie la réduit en cendres, il ne reste debout que l'oratoire de Saint-Étienne. — 509. Le christianisme a triomphé; Metis est la capitale de l'Austrasie; son évêque, Hesperius, l'ami du fils aîné de Clovis, fonde une école qui remplace les écoles gallo-romaines ([1]). —

([1]) Sous l'épiscopat de Fortunat, il y a un recteur de la maison ecclésiastique (*rectorem domus ecclesiæ singularem*). 588. Grégoire de Tours vient à Metz. 590. On y réunit un concile.

738. L'évêque Chrodegang fait bâtir, auprès de sa cathédrale, des lieux réguliers, un réfectoire, un dortoir, une bibliothèque...; il impose aux chanoines une règle en 34 articles : ils vivront en commun, les enfants et les clercs se tiendront avec décence à table et dans l'oratoire; divisés en classes, selon leur âge et leur aptitude, ils se prépareront, par l'étude, à entrer dans l'Église ou dans les charges civiles. La discipline est sévère, le châtiment proportionné à la faute : l'avertissement, la réprimande, la mise au pain et à l'eau, la prison, la verge, si l'âge le permet, enfin le renvoi. On conduit à l'évêque le coupable qui persiste dans le mal et on prie Dieu de le guérir.

768. Sous l'évêque Angelram, l'école cathédrale est célèbre; à son retour d'Italie, Charlemagne lui accorde l'un des deux maîtres de liturgie et de chant que la reconnaissance du pape lui a gracieusement concédés. Ce maître apporte avec lui des antiphoniers annotés de la main de saint Grégoire. On oblige les chantres des cathédrales et des églises de la province ecclésiastique à venir rectifier leurs antiphoniers et apprendre à jouer de l'orgue dans cette école modèle, qui conserva durant des siècles une supériorité incontestée. « *Majus autem magisterium cantandi, in Metis civitate remansit.* » (Perts, l. I.)

Le programme de l'école comprend toutes les sciences divines et humaines : l'élève apprend à lire et à écrire, par les soins des maîtres abécédaires (*calculatores*); il étudie successivement la grammaire, « *scientia interpretandi poetas et historicos et rectè scribendi et loquendi* »; — les subtilités de la dialectique, l'art d'argumenter, « *disciplina disciplinarum* », et aussi les charmes de la rhétorique. — Le trivium précède le quadrivium, l'arithmétique, la géométrie, l'astronomie, la musique (*musica*), qu'il ne faut pas confondre avec la musique pratique (*cantus*), qui fait partie de l'enseignement élémentaire. On y enseignait aussi la médecine. — 833. L'évêque Robert accorde 8 manses à son fidèle médecin, Amand, prêtre. « *Fideli medico nostro.* » Les méthodes sont d'abord celles des écoles gallo-romaines, plus tard celles de Gorze, de Luxeuil, de Reims et d'Auxerre.

Les maîtres sont illustres; un clerc, Amalaire, plus connu sous le nom de Symphosius, à cause de son talent pour l'harmonie; un noble, Aldric, de l'école palatine; un moine de Saint-Gall, Tutelon, peintre, ciseleur, graveur; l'évêque Thiéry, « *lux omnium studiorum* »; les diacres Paul Warnefried, Rolland; les hagiographes Paulin, Réginon; l'écolâtre Gautier, « *le très boin philosophe* », auteur du mappemonde, qui fut longtemps le manuel de l'enseignement de l'astronomie, auxiliaire indispensable du comput ecclésiastique.

Les disciples sont nombreux, de tout pays, de toute condition : Arnoux, né au château de Lay (606), a étudié à l'école de cette cathédrale, dont il devint l'évêque ; le riche et bienfaisant Trudon, du diocèse de Liège ; un petit-fils du Débonnaire, Pépin, y a été placé dès ses jeunes années. « *In hoc cœnobio, filii ducum, filii comitum, filii etiam regum educabantur.* » A partir du xe siècle, l'école perd de son importance scientifique ; la mense de l'évêque, désignée sous le nom de Ban-de-Saint-Étienne, est distincte de la mense du chapitre, dite du Ban-de-Saint-Paul. Le chapitre est riche et puissant, souvent en luttes avec l'évêque et les bourgeois ; il confère des bénéfices, des offices, des cures ; un de ses membres, le quatrième en dignité, a le titre d'écolâtre ; il exerce un droit de surveillance sur les écoles, il jouit de la collation des cures de Pontoy, de Han, de Herny. — 1427. Un laïc, Wiry d'Ardenné « estoit pour le jour faict escollaître de la grante église », ce qui permet de conclure que le chapitre, au besoin, ne refusait pas le concours des laïques. De 1438 à 1744, on compte 17 écolâtres. — 1481. Un règlement du cardinal d'Aigrefeuille détermine les charges et prérogatives du chapitre et de l'écolâtre. Aux processions, en 1550, l'écolâtre porte encore l'image de Charlemagne, protecteur des écoles. Le trésor de la cathédrale et la bibliothèque étaient riches en manuscrits et en livres ; ils ont été dispersés ; la bibliothèque en possède encore un grand nombre, qu'il importe de consulter pour l'histoire de l'évêché, du chapitre et des écoles. — 1676, 12 août. Le chapitre envoie à M. de Colbert 13 manuscrits, il en garde

un grand nombre ; les plus précieux, en 1802, viennent enrichir la Bibliothèque nationale. 12 décembre 1680, Colbert écrit aux intendants : « Vous me
ferez plaisir de rechercher dans les églises cathédrales et les principales abbayes, s'il y aurait quelque manuscrit et en ce cas cherchez les moyens de
les avoir, sans y employer aucune autorité, mais
seulement par douceur et par achat. » M. de Morangis, intendant de la généralité, « ébloui des richesses que renfermait le trésor de la cathédrale »,
détermine les chanoines à se dessaisir d'un manuscrit fait pour Charles le Chauve et qui passait pour
le livre d'heures de Charlemagne. Pour reconnaître
ce présent, Colbert envoie au chapitre un portrait
de Louis XIV. — 1735, 9 novembre. Deslandes offre
à Montfaucon un catalogue des 350 manuscrits de
l'église de Metz ; il se plaint de n'avoir pu voir les
manuscrits précieux du trésor de la cathédrale. Au
XVIIIe siècle, ce n'est plus l'écolâtre, c'est le provicaire général du diocèse qui donne les pouvoirs aux
maîtres d'école et qui les révoque.

4. Écoles collégiales.

760. L'évêque Chrodegang impose aux collégiales urbaines ou rurales l'obligation d'affecter une
prébende à l'entretien d'un précepteur ou régent.
Un pouillé de 1544 donne le nom des 6 collégiales de la cité : 636. Saint-Pierre-aux-Images,

Saint-Pierre-le-Vieil. — 884. Saint-Sauveur, Saint-Paul-sur-le-Cloître. — 1130. Notre-Dame-de-la-Ronde. — 1159. Saint-Thiébaut. Chacune avait son école; on trouve aux archives le nom des précepteurs ou régents, dont plusieurs sont célèbres. — 1485. Lyonard, M^e ès arts, régent et M^e d'écolle à Saint-Sauveur. — 1525. Un très beau fils, qui ressemblait une belle jeune fille, « joue le personnaige de Sainte-Barbe si prudemment, si dévotement, que plusieurs personnes pleuroient de compassion », un chanoine, « homme de lettres et bien scientifique », le met à l'école, puis l'envoie à Paris, d'où il revient « en brief temps, maître ès arts, et depuis l'ay veu, régent et M^e d'école à Saint-Salveur ». (Phil. de Vigneules.)

5. Écoles presbytérales.

Conformément aux décrets des conciles de la province et aux ordres de l'évêque, il y a, dès le xe siècle au moins, une école dans chacune des 15 paroisses, dont un pouillé de 1700 nous donne les noms: Sainte-Croix, Sainte-Ségolène, Saint-Étienne, Saint-Eucaire, Saint-Gengoulf, Saint-Georges, Saint-Jean-de-la-Citadelle, Saint-Julien-lès-Metz, Saint-Livier, Saint-Marcel, Saint-Martin, dont le curé est nommé par les administrateurs de l'hôpital Saint-Nicolas réunis en assemblée sous la présidence de l'évêque; Saint-Maximin, Saint-Simon, desservie par un chanoine de Saint-Georges; Saint-Simplice,

Saint-Victor, paroisse royale à laquelle celle de Saint-Georges a été réunie. Les archives (G. 1904-2515) renferment des noms et des dates à consulter. — 1263. « Maîtres Renals li clair et Garzas occupent des maisons près les paroisses.» — 1425. « Le premier jour d'août, jeu de la légende et martyr de saint Victor ; un gentil rustre, maître Cherbin, lequel était maître et régent de l'école de la paroisse, fit le personnage de saint Victor. » — 1491. « Exurement par Burthemin, escripvain à Praillon, escripvain, d'une maison sise en Saint-Martin.» — 1699. État de l'église parochiale Saint-Victor, présenté par le curé : 1,800 communiants, 9 familles de nouveaux convertis. Deux maîtresses d'école donnent l'instruction à 200 garçons, une maîtresse laïque à 60 jeunes filles, les autres vont chez les religieuses (G. 2426). — 1699. État de la paroisse Sainte-Ségolène présenté à l'évêque, en sa visite : « 150 familles d'anciens catholiques, 50 de nouveaux, de 80 à 90 familles juives ; 4 couvens : les Grands-Carmes, les Capucins, les dames de Sainte-Claire, celles de l'*Ave Maria.* » (G. 2352.) — 1669. Saint-Marcel : 3 écoles de garçons, 2 de filles. — 1708, 12 août. Le curé et les échevins choisissent Lemoine pour maître d'école : il enseignera à lire, écrire, l'orthográphe, chiffrer et le chant Grégorien. Il y a 2 écoles de filles. (Registre 974.) — 1699. Saint-Maximin : 2 monastères, 2 chapelains. La fabrique paie l'écolage des enfants pauvres. (G. 2285.) —

1726. Saint-Eucaire : décès du régent d'école Fr. Déjardins. L'étude des registres des actes de l'état civil, de 1619 à 1789, permet de dresser dans chaque paroisse, la série des maîtres et des maîtresses. — En 1788, il y a une paroisse de plus, Saint-Jacques, qui a 2 députés aux trois ordres, MM. Lambert, avocat, et Gautier, marchand.

6. Écoles monastiques.
Abbayes ou monastères d'hommes.

1. *Abbaye de Saint-Arnould.* — 609. La desserte de la riche et antique église Saint-Jean est confiée à une communauté, dont les membres sont appelés clercs. — 888. On y tient un concile. — 950. L'évêque Adalbéron remplace les clercs par des moines de Saint-Benoît. Hubert et Anstée, les premiers abbés, y apportent les programmes, les méthodes, les traditions de l'abbaye de Gorze, où cent ans après, un écolâtre de Liège, Walon, renonce à la dignité d'abbé de Saint-Arnould pour y instruire les petits enfants ; notre illustre Gerson suivit cet exemple lorsqu'il devint maître d'école à Lyon! Des Saxons, des Bavarois, des Lorrains se pressent, en grand nombre, autour des chaires de maîtres justement renommés, l'abbé Hubert ou Harbert. De 751 à 1775, on compte 56 abbés. La bibliothèque surtout était remarquable : la salle destinée à recevoir les livres (*armarium*) a 68 pieds de long,

34 de large, 18 de haut; elle est éclairée par 5 croi-
sées en plein cintre de 15 pieds de haut sur 5 de
large. La lecture des manuscrits, la transcription
des textes est une obligation pour le religieux; il
y a une salle pour les scribes (*scriptorium*); un
inventaire de 1769 porte à 152 le nombre des manuscrits. — 1784. La ville n'a pas encore de bibliothèque publique, les bénédictins lui offrent l'usage
libre de la leur; on fait un règlement : « elle sera
ouverte au public, les mercredi et vendredi, de
9 heures à midi, de 2 heures à 5 heures du soir en été,
on la fermera à 4 heures en hiver, afin d'éviter
l'inconvénient de la lumière. » On sent qu'il convient
de garder le silence, afin de ne pas interrompre les
personnes occupées à lire ou à écrire... les manuscrits,
les livres hétérodoxes, les in-8° et autres petits for-
mats ne seront donnés qu'à des personnes connues...
On ne pourra emporter aucun livre de la bibliothèque. Si, par raisons graves, on en prêtait quelques-uns, ce prêt ne serait que pour un temps très
court et l'emprunteur consignerait le double de la
valeur de l'ouvrage prêté, on donnera un récépissé de
cet argent qui sera rendu lors de la représentation
du livre sans aucune dégradation. » Il y a 2 biblio-
thécaires : Mauregard et Delrée. Une déclaration
des biens de l'abbaye (1789) porte à 103,000 fr.
le revenu brut de la mense abbatiale, à 61,000 fr.
en argent et en nature le revenu de la mense conventuelle. — 1790. Le monastère devient propriété natio-

nale : on expulse les vieux soldats et les vieux prêtres qui y trouvaient un asile. — 1791. L'évêque
constitutionnel occupe la maison abbatiale jusqu'au
jour où elle est vendue par la nation. — 1793. L'é-
glise est dépouillée, le trésor pillé, les tombeaux dé-
truits, les reliques des saints et les cendres des religieux sont jetées au vent !

2. *Abbaye de Saint-Symphorien.* — 618. Fondée
par l'évêque Papole. — 950. Réformée par Adalbéron. — 1009. Constantin, abbé, raconte les malheurs
de la guerre. Alpert, très versé dans les arts libé-
raux, écrit une chronique estimée. — 1600. La
communauté se compose de 16 religieux, parmi lesquels un maître ou scholastique enseigne les belles-
lettres et aussi les bonnes mœurs. « *Mores nec non
litteras docebit.* » — 1619. L'abbé Waladie, poète
et historien, obtient un bref du pape pour établir la
réforme. La renommée des études se maintint dans
l'abbaye et dans un jour de crise (1768) scolaire, on
confie aux religieux la direction du collège, dont on
a chassé les PP. jésuites.

3. *Abbaye de Saint-Clément, primitivement Saint-
Félix.* — 950. Adalbéron, l'évêque réformateur, y
installe des bénédictins de Luxeuil, sous la direction
du savant Cadroé ; il les loge dans son palais jusqu'à la construction des lieux réguliers. Ruinée par
la guerre en 1552, l'abbaye est rebâtie en 1686,
grâce aux libéralités du roi. En 1784, on y établit
une pension et une école de mathématiques pour les

élèves et les aspirants du corps royal de l'artillerie.
Le règlement est approuvé par le roi; il y a un directeur chargé de la police générale, 2 professeurs
« qui enseignent le cours de mathématiques adopté
par le corps de l'artillerie, des préfets qui surveillent MM. les pensionnaires, hors le temps des écoles ». Chaque semaine, le directeur examine les
élèves; il tient note de leur conduite, de leur caractère, de leurs progrès. Les examens ont lieu deux
ou trois fois par an... « Les infractions aux règlements sont punies par les religieux chargés de
l'éducation, conformément au cahier des peines
déterminées par le commandant, de concert avec le
directeur. Le prix de la pension est de 40 liv. par
mois, le cours est ouvert depuis le mois de septembre dernier. »

4. *Abbaye de Saint-Vincent.* — 930 à 933. Un
maître fameux par ses écrits et son enseignement,
Sigebert de Gemblours, attire de nombreux disciples.
A l'aide des textes hébreux, il corrige les versions
latines et grecques de l'écriture; il discute avec les
savants rabbins, auxquels Adalbéron témoigne une
certaine bienveillance. Le scholastique Adalbert,
versé en toute science, compose une chronique des
évêques et un abrégé des morales de saint Grégoire. Les petites annales des bénédictins de Saint-
Vincent sont remarquables par l'esprit d'impartialité avec lequel elles sont rédigées.

5. *Les templiers.* — 1133. « Riches par les bien-

faits des grands et du peuple, ils construisent un beau monastère. » — 1312. On partage leurs biens entre les chevaliers teutoniques et les chevaliers de Saint-Jean de Rhodes ou de Malte. On répare aujourd'hui (1882) la chapelle des Templiers, qui forme un octogone de 9 mètres de diamètre. Les fenêtres en style roman, les colonnes à chapiteaux, les sculptures en style byzantin, sont très remarquables; on voit sur les murs des traces de peinture.

6. *Les trinitaires.* — 1198. Chanoines réguliers de la Trinité pour la rédemption des captifs; ils s'installent au faubourg de Mazel, puis à la citadelle, enfin au haut de Sainte-Croix, en une maison appelée la Cour d'Ormes.

7. *Les Frères prescheurs dominicains ou jacobins.* — 1215. Saint Dominique vient à Metz, à la fin d'août, avec son compagnon Étienne; « les bourgeois lui firent un accueil pareil à celuy qu'ils auraient fait à deux anges du paradis... touchez des ferventes prédications du saint, plusieurs prennent l'habit ». — 1220. « Ung notable, Reinier, maître échevin, fist edifier l'eglise des grands prescheurs et y mist la plupart de sa chevance. » Au-dessus d'un magnifique cloître, on bâtit le dortoir des novices et des étudiants. — 1240. Hugues de Metz écrit un commentaire. — 1279. Pierre (*Petrus Metensis*) montre par ses écrits « l'excellence de sa doctrine et la supériorité de ses talents ». Ce couvent « si

auguste, si fameux », dont les religieux étaient choisis pour « évêques, prédicateurs, inquisiteurs de la foi et recteurs de collèges, déchut pendant quelques années de l'observance régulière, par les misères du temps », mais il fut relevé par les pères de la Congrégation gallicane. — 1330. Le P. Garin chargé de veiller à l'intégrité de la doctrine dans le diocèse. — 1414. L'ordre de Saint-Dominique est investi du même pouvoir dans les Trois-Evêchés, où il avait des écoles célèbres et fréquentées. — 1552. Factum contenant le récit des luttes et discors entre les frères prescheurs et les bénédictins de Saint-Arnould, qui occupent leur monastère par ordre de François de Guise. — 1600. La ville supprime une subvention de 200 liv. qu'elle accordait, à titre de gratification, pour l'entretien d'un professeur de théologie. — 1641. La subvention est rétablie. Leur collège de théologie s'ouvre le lendemain de la Saint-Martin ; il n'est fermé qu'en 1790. J'ai consulté avec fruit pour toutes les maisons de l'ordre, un livre assez rare : *La Vie du glorieux patriarche saint Dominique..., avec la fondation de tous les couvents et monastères...,* par le R. P. Jean de Rechac..., historien général... Paris, 1647. In-4°. Les chroniques des frères de Metz sont très curieuses ; leur bibliothèque était l'une des plus riches en imprimés et en manuscrits.

8. *Les franciscains ou Frères mineurs.* — 1215. « Fist faire et fonder iceluy couvent une bonne

dame, Odille Bellagrée, lequelle y despendit et aul-
mona *tout le sien. Et en fust* pauvre durant ses
jours. » Dix ans après la mort de saint François,
saint Bonaventure tint chapitre dans ce monastère.
Les Frères mineurs n'étaient pas tous, comme on
l'a répété souvent, dépourvus de science. On lit sur
un manuscrit de la bibliothèque nationale (anc.
fonds latin, nº 7,333) : *Tractatus optimus super totam
astrologiam editus fratre Bernardo virduno, pro-
fessore de ordine fratrum minorum.* Bernard a conscience de la valeur de son livre : il résume, dit-il,
« la substance des livres qu'un lecteur habile suffi-
rait à peine à lire en deux années ». Ce manuel
d'astronomie est accompagné de belles figures qui en
facilitent l'intelligence ; il est divisé en 10 traités.

9. *Les carmes.* — 1269. « Environ ce temps et
tantôt après fust faicte et fondée une religion de
carmes et fust la seconde fondée en deçà des monts. »
On les appelait les grands carmes ; c'est à l'un
d'eux, Jean Colini, que l'on doit le premier livre
imprimé à Metz, en 1482, « le premier livre de
l'*Imitation* ». — 1644. Installation des petits carmes ou carmes déchaussés. C'est à leur école que
fut élevé le célèbre graveur, Sébastien Leclerc. —
1670. Le corps municipal pose la première pierre
de leur église. — En l'an IV, on établit dans leur
couvent, les cours de l'École centrale.

10. *Les augustins.* — 1290. Le pouillé de 1544
les appelle *Prædicatores.* Chargés du service de la

chapelle des Lorrains, ils reçoivent 124 liv. du receveur de la ville. — 1490. Ils se dévouent à soigner les malades du typhus. — 1523. Un augustin, « Jehan Chastelain... le venin duquel étoit d'autant plus pernicieux qu'il étoit plus couvert... sembloit n'en vouloir qu'aux mœurs des ecclésiastiques... sous ce masque d'une charitable correction... et sous un habit de piété... il sapoit sourdement les fondements... toute la ville le saluoit... les pauvres gens surtout, qu'il reconfortoit... » — 1645. Chapelains de la chambre de la ville, ils demandent l'autorisation de se placer au banc de l'Hôtel de Ville, pour entendre la prédication.

11. *Les bernardins.* — 1320. « Un homme de bien, Jehan Louviot, ne scay si noble ou marchant, fist faire, fonder et édiffier et avec ce arrenter et douer de ses deniers et de ses mailles, le petit couvent de Notre-Dame-du-Pontifroy, qui se nomme, en françois, les bernardins. » Ces religieux se distinguaient par leur zèle pour l'instruction de la jeunesse.

12. *Les célestins.* — 1370. Bertrand le Hungre, aman de l'église Saint-Étienne-le-Dépenné, fonde et dote le couvent du frère Baude de la tierce ordre. « Il n'étoit mie clerc (ce Baude), mais il avoit belle éloquence... il preschoit contre les gens d'église, les nobles et gentils-hommes. » Après sa mort, plusieurs autres continuèrent les prédications « es grandes places, en change, en chambre, es cours des ab-

bayes, aux grans cimetières des églises. » Généreux et savant, Bertrand donne à la bibliothèque deux Bibles, un *Speculum vitæ*, des traités de saint Ambroise, de saint Augustin, de saint Bernard, de rares manuscrits. L'église, « fort humide et trop obscure », dit le chroniqueur, est remarquable par ses mausolées, son portail, ses statues, ses peintures à fresques, ses vitraux ; la salle capitulaire a 35 pieds de profondeur sur 40 de large. La chronographie du monastère, conservée à la bibliothèque de la ville, donne le récit des choses advenues à Metz et surtout au monastère, de 1371 à 1469. Un manuscrit, rédigé par les célestins, fut brûlé, en partie du moins, en 1771, « en raison de quelques particularités compromettantes »; on cite aussi une petite chronique rédigée par un huguenot jusqu'en 1787, par un catholique ensuite, « l'un et l'autre personnages tranquilles et de bonne foy ». — 1774. A la requête de l'évêque, le roi supprime le monastère, dont les revenus sont affectés : 4,800 liv. à une pension viagère pour les religieux sécularisés, 3,000 liv. au séminaire Saint-Simon, 2,400 liv. à la création de 6 bourses en faveur des fils de gentilshommes.

13. *Les observantins.* — 1419. L'une des cinq familles de l'ordre de Saint-François. « Leur maison bâtie en grande Meze », fut ruinée en 1552. Transférés à la commanderie de Saint-Antoine, ils furent chassés de Metz, « s'étant dérangés ». (D. Calmet, *Not.*, t. II.)

14. *Les cordeliers.* — 1428. « Un aman de la famille des Baudes leur fit bâtir une église. » — 1515. On les force à quitter la ville.

15. *Les antonistes.* — 1444. Chanoines réguliers de Saint-Antoine. — 1670. Ils achètent une maison, rue Mazel. — 1778. On les supprime, leurs biens sont réunis à ceux de l'ordre de Malte.

16. — *Les récollets.* — 1602. Le duc d'Épernon les fait venir du monastère de Verdun, qui, réformé en 1597, ne pouvait suffire à contenir tous les religieux.

17. *Les minimes.* — 1602. Ils s'établissent en une maison de Mme de Prim. « C'est le premier couvent établi entre Seille. » — 1610. L'évêque, du consentement du chapitre, unit au couvent 2 des 4 chapelles épiscopales. État de la maison et des dépenses. Ordonnances et règlements. (H. 967, 990, 993.)

18. *Les capucins.* — 1602. Ils occupent la maison dite de Joyeuse-Garde, qui avait été achetée pour y loger les PP. jésuites. — 1641. La ville leur accorde une subvention.

Un recensement de 1742, conservé aux archives de la ville (portef. 23), signale l'existence de 19 maisons religieuses d'hommes, comprenant 176 moines, 19 novices, 48 frères. Le même document évalue à 572 le nombre des maisons appartenant au clergé régulier et séculier, aux fabriques et aux hôpitaux.

7. Abbayes ou congrégations religieuses de femmes

1. *Abbaye de Saint-Pierre-aux-Nonains.* — 596. L'abbesse Waldrade y iustitue une école longtemps célèbre; on l'appelle le grand monastère, il y a 300 religieuses. Jean de Vandières y étudie avec elles l'Ancien et le Nouveau Testament, les sacramentaires, le comput et mêmes les lois civiles.

2. *Abbaye de Sainte-Glossinde.* — 634. Glossinde, fille d'un duc de Champagne, y réunit un grand nombre de religieuses. — 950. Réformée par Adalbéron; 1680 par Marie Texier de Hautefeuille, 39ᵉ abbesse; en 1789, cette abbaye célèbre a le titre d'abbaye royale.

3. *Abbaye de Sainte-Marie.* — 950. « Très excellente et noble religion de dames. » On y élève pour « le grand monastère, de gentilles filles vierges, de noble lignée ». — 1784. Les dames chanoinesses continuent à diriger une école et un pensionnat.

4. *Les religieuses de Sainte-Agnès.* — 1020. « En y celluy temps fust fondée assez près de Saint-Vincent, une religion de vierges, nommées les Pucelles en la vigne »

5. *Les bernardites.* — 1153. Saint Bernard remplace, par des dames bernardites, les scotes, « une espèce de capettes, comme celles du Montaigu, à Paris, fort peu régulières ».

6. *Les sœurs colettes ou de Sainte-Claire.* — 1258. Les unes, urbanistes, les autres domianistes ou de l'*Ave Maria*. — 1512. Leur maison est démolie durant le siège. — 1563. Charles IX leur abandonne l'église de l'ancienne paroisse de Saint-Ferreol. — 1641. Les trois ordres accordent un subside pour rebâtir la maison conventuelle. — 1668. A la suite d'une humble requête, elles obtiennent de la ville une gratification annuelle de 12 quartes de bled. — 1721 à 1789. Procès-verbaux d'examen des dames qui demandent leur admission. Elles ont une école privée et un pensionnat. « On prend des élèves de tout âge. »

7. *Les sœurs de Saint-Dominique.* — 1270. « Quelques filles dévotes se mettent sous la règle de Saint-Dominique; leur agrégation est confirmée au chapitre général tenu à Florence, en 1281. « En y celluy temps fust achevé le couvent des sœurs prescheresses. » On y appela des religieuses du monastère de Prouillé… La vie régulière y ayant fleuri près de 310 ans, une réforme devint nécessaire… Cinq mères du couvent de Vestroye eurent mission de l'opérer, en 1502. Celles qui ne pouvaient goûter cet esprit de régularité, se retirèrent emportant les papiers et les ameublements. En 1746, il y avait 24 religieuses, une école pour les novices et aussi pour les jeunes filles. (G. 17.)

8. *Les béguines.* — 1364. Règlement de Jean de Vienne pour « les pucelles appelées béguines ». —

1440. Elles ne tiennent plus « couvent... esparses çà et là..., émancipées de leur profession... » — 1596. Elles sont supprimées à la requête de l'évêque Conrard.

9. *Les augustines.* — 1452.

10. *Les chanoinesses régulières de Sainte-Marie-Madeleine.* — 1452. Un bref du pape les qualifie de sœurs pénitentes.

11. *Les carmélites.* — 1623. A la prière du duc de Lavalette, gouverneur de la ville, l'évêque autorise 5 religieuses du couvent de Paris, à s'établir au haut de Sainte-Croix.

12. *Les religieuses de Notre-Dame.* — 1623, 23 avril. L'abbesse de Saint-Pierre les loge jusqu'au 1er décembre. Ce jour-là elles prennent possession d'une maison achetée de leurs deniers; elles y ouvrent une école et un pensionnat dont la prospérité se soutient jusqu'en 1789.

13. *Les dames de la Visitation.* — 1633. Protégées par la reine Anne, pourvues de lettres patentes, elles suivent la règle de Saint-François. De 1633 à 1789, elles « prennent de jeunes pensionnaires et reçoivent des veuves en chambres séparées ».

14. *Les dames bénédictines.* — 1635. L'évêque les installe dans son château de Montigny, qui avait servi de prêche aux réformés.

15. *Les dames de Sainte-Élisabeth ou de la Propagation de la foi.* — 1640. Mémoire sur les ori-

gines de la maison (Portff. 307). Elles s'occupent spécialement de l'instruction des jeunes filles. Sous la direction de Bossuet, Alix Clerginet, secondée par la femme du gouverneur et de généreuses bienfaitrices, instruit les jeunes filles juives et calvinistes. — 1657. Elles obtiennent des lettres patentes et ouvrent une école avec pensionnat, dans leur maison de la rue des Boulangers. Ce séminaire, comme on l'appelait, continue, jusqu'en 1789, à instruire les filles et les femmes nouvellement converties.

16. *Les dames ursulines.* — 1649. Sept religieuses de Mâcon s'établissent en une maison, rue Mazel ; spécialement vouées à l'éducation, elles s'installent bientôt rue Saint-Marcel, dans l'hôtel donné par Ph. de Luynes à ses deux filles, religieuses de cette congrégation. Elles y dirigent, jusqu'en 1789, une école et un pensionnat, où elles reçoivent des jeunes filles au-dessous de 18 ans.

17. *Les religieuses du Refuge.* — 1703. L'évêque de Coislin fonde la maison du refuge de Saint-Charles « pour servir d'asile à l'innocence exposée à être séduite... Les filles tombées occupent des locaux séparés de ceux où l'on reçoit des pensionnaires. »

18. *Les dames de la Doctrine chrétienne.* — 1712. Instituées par P. Goise, chantre et coutre de la cathédrale, « à charge d'instruire gratuitement les jeunes filles ». — 1731. Requête au roi. Lettres pa-

tentes autorisant l'ouverture d'une école. (G. 1391.) Par arrêt du parlement, ces lettres patentes seront communiquées, pour avis, à l'évêque et aux officiers municipaux. — 1726. Statuts, règlements et pratique en forme de constitutions pour les sœurs. — 1789. École gratuite pour les pauvres et pensionnat.

8. Écoles des Séminaires.

1550 à 1651. Le séminaire diocésain est à Pont-à-Mousson. — 1591. Le cardinal de Lorraine y fonde 12 bourses.

1691. « M. Vincent de Paul établit les règles à observer par les prêtres de la mission chargés de la direction du séminaire Sainte-Anne », fondé à Metz par la libéralité de la reine mère. Le dossier de cette fondation et les lettres de Vincent de Paul sont aux archives. (G. 984.) — 1729. L'évêque de Coislin, membre de l'Académie française, établit le séminaire de Saint-Simplice. La dotation est de 40,000 livres; il y aura 20 prêtres, tant allemands que français. Il recommande l'étude de l'archéologie; en 1731, l'un des professeurs, l'abbé Michel, publie une épigraphie du diocèse. — 1734. Le séminaire prend le nom de son bienfaiteur, l'évêque de Saint-Simon, qui y avait créé 100 bourses. « On y enseigne la théologie et on y élève les séminaristes dans la science et les vertus analogues au sacerdoce. » Un édit d'avril 1776 affilie les deux

séminaires à l'Université de Nancy. Le budget du
séminaire Saint-Simon, en 1789, est, en recettes, de
22,913^l,1^s,3^d, en dépenses, de 17,091^l,4^s,8^d; on décide la reconstruction des bâtiments, les devis s'élèvent à 102,260^l,8^s,9^d.

Les actes de fondation, les inventaires, les procès-verbaux d'examen, les notes des élèves, le
catalogue de la bibliothèque forment un dossier
important. (G. 997 à 1,048.)

9. Écoles municipales, Maisons-Dieu, hôpitaux, écoles de charité.

736. A l'origine des chrétientés, l'évêque nour-
rit les orphelins et soigne les infirmes. Chrodegand
fonde l'hôpital du Neubourg, plus tard Saint-Nicolas. — 1170. L'échevinage, agréé par le pape et
par l'empereur, dirige les affaires de la cité. —
1222. Le maître échevin et les treize interviennent
dans les questions relatives à la Maison-Dieu. —
1408. Hôpital de Sainte-Vernette. — 1485. Le chapitre donne au princier quittance de la somme de
5,000 liv., monnaie de Metz, pour les revenus être
employés aux dépenses de l'école dite des Bons-En-
fants, sise au lieu de Joyeuse-Garde. — 1520. A la
requête des notables, une ordonnance des magistrats,
du consentement des trois ordres, établit un collège
des Bons-Enfans, c'est-à-dire des enfans assistés.
(B. 8,123; G. 510.)

1544. Hôpital du Saint-Esprit. Le chef s'appelle maître et recteur. — 1635. Hospice nommé Charité du bouillon. — 1682. Hôpital Saint-Georges, doté par l'évêque d'Aubusson de la Feuillade. — 1698. Hôpital de Bon-Secours. Les statuts des hôpitaux, les registres prouvent avec quelle sollicitude on veille à l'éducation des enfants... Ils sont tenus d'assister aux leçons de l'école. C'est à l'hôpital Saint-Nicolas que les magistrats de la ville, fondateurs, gouverneurs et administrateurs des établissements charitables tiennent bureau. Ce bureau, créé le 18 janvier 1568 par une ordonnance de la cité, du consentement des trois ordres, établit dans chaque quartier, 2 notables bourgeois et sous eux 4 sergents pour porter des secours aux familles pauvres et faire apprendre des métiers aux enfants. — 1784. On se plaint que le but de l'établissement est presque totalement manqué, surtout relativement à l'éducation des enfants du bas peuple... On fait appel à la charité. — 1789. Un commissaire dans chacun des 17 quartiers est chargé de recueillir les aumônes pour entretenir des écoles : « Il est de l'intérêt de la société que le bas peuple ait des mœurs, de l'honnêteté...; il faut s'occuper de l'éducation des enfants pauvres, livrés à la fainéantise... »

10. Maîtres écrivains.

La corporation des maîtres écrivains, plus ancienne que celle de Paris, autorisée en 1435, par

Charles VII, est l'objet des faveurs des officiers de
l'hôtel de ville; elle est sous leur protection, sous
leur dépendance; elle n'entre pas, comme ailleurs,
en lutte avec l'écolâtre, les régents et les maîtres
d'école. Je n'ai pas encore découvert leurs statuts,
leurs règlements, mais je trouve partout leurs noms
et leurs actes, dans les chroniques comme dans les
archives. — 1287. Lettre de constitution écrite par
le maître et les frères de l'hôpital Saint-Nicolas en
faveur d'Ancillon, l'escripvain. (Cart. III.)— 1320.
Constitution en faveur de Jehan Aubrion. — 1406.
L'escripvain Darcy est noyé au pont des Morts, à
la suite d'une mutinerie. — 1410. Jehan Herman,
l'escripvain, reçu en franchise ainsi que tous ses
biens meubles et immeubles. — 1450, 28 mars. « Fut
tué et meurtry en son hôtel, Ch. Reillon, l'escripvain. — 1479. Jehan Aubrion, l'escripvain, sollicite,
sans l'obtenir, l'honneur d'être inscrit au paraige
de Jeurue. — 1490. Collignon, l'escripvain, fonde
un service d'autel. — 1520. On donne souvent à l'écrivain le nom de procureur en la cité; il n'enseigne pas
seulement à écrire, il agit comme fondé de pouvoirs, il fait les écritures, il déchiffre et interprète
les parchemins, il plaide même, pourvu qu'il ait
obtenu son inscription « au tableau des plaideurs ».
— 1570. Les trois ordres décident que les maîtres
écrivains seront seuls appelés en justice, comme
experts, pour l'examen des contrats et cédules con-
testés. La même année, au mois de novembre, des

lettres patentes de Charles IX ordonnent que « les maîtres écrivains et non autres, seront appelés à la visitation des actes, contrats, cédules et aultres enseignemens maintenus de faulx... Et défense à toute autre personne soy ingérer de faire visitation de rapport à peine de nullité, dommages et intérêts des parties... » — 1591. Ils sont exemptés des charges municipales. — 1640. J^h Ferry, maître d'écriture et d'orthographe, obtient la survivance du titre de maître privilégié de la ville, pour en jouir après la mort de Simon, titulaire actuel. (Portef. 216.)

11. Collèges.

1590. À la requête des trois ordres, Henry IV cède à la ville les revenus et les biens de l'abbaye de Saint-Éloy, à charge d'y fonder un collège et y entretenir des régents. — 1591. Une bulle du pape met à néant la réclamation des prémontrés et confirme la ville dans son droit de possession. — 1593. Le chanoine Humbert est nommé principal. — 1597, 1er janvier. La ville paye « aux régens 40 florins d'or valant 116 liv., afin qu'ils s'encouragent de mieux en mieux à instruire la jeunesse ».

1622. Les PP. jésuites, appelés à la direction du collège, s'obligent à instruire les enfans des réformés, auxquels un ministre, nommé par le roi, donnera l'instruction religieuse. Sur leur requête, le chapitre transporte ailleurs « une école de petits

enfans , établie dans les bâtimens de Saint-Éloy ;
cette école contenait 140 écoliers, dont 15 ou 18
huguenots des meilleures familles ». A l'occasion
« de l'heureuse entrée de Mme la duchesse de la Val-
lette en la ville », les échevins demandent aux
Pères un projet de fête; « plus de 400 enfans au-
dessous de 13 ans formoient 4 compagnies, qui ser-
virent de garde d'honneur... Ils étoient couverts de
soie, satin... aux livrées de Madame..., les armes
grandement reluysantes... Après le repas, on repré-
senta une jolie pastorelle, que nos petits écoliers,
tous au-dessous de 12 à 15 ans, firent voir sur un
beau théâtre dressé en la grande salle de l'évê-
ché([1]). » — 1643. L'assemblée des trois ordres autorise les pères à installer leur collège dans la rue de
la Chèvre. Le roi paie 7,204 liv. d'indemnité aux
réformés, pour la cession de leur ancien temple et
de la maison du ministre, annexés au collège. —
1715, 8 septembre. « Payé 735 liv. aux PP. jésuites
pour pension de 2 ans, à deux professeurs de philosophie, qu'ils ont pour l'utilité publique. » — 1720.
Délibération des trois ordres pour faire continuer
le cours de philosophie, à condition d'y admettre les
élèves des deux religions. Je serais fondé à croire que
les pères employaient, au besoin, des maîtres laïques;
on lit sur un registre de la ville : « maison à la basse
Seille accordée comme logement à Fr. Didier, pro-

([1]) Entrée de Mme la duchesse de la Valette, en la ville de
Metz (138 pp., 21 grav., in-fol.)

fesseur de mathématiques. » — De 1622 à 1762, je compte 28 recteurs ; il y a cette année-là, 15 pères (recteur, préfet, prédicateur, régents), 3 frères coadjuteurs, 1 dépensier et cuisinier, 1 crédencier et menuisier, 1 sacristain et couturier, les revenus s'élèvent à 21,098^l,1^s, les dettes à 5,845 liv., le compte des deniers trouvé au collège porte 98^l,6^s,6^l. La Compagnie de Jésus supprimée, il faut réorganiser le collège ; le parlement dénie à la ville le droit de choisir le personnel ; l'avocat Rœderer, désigné pour cette mission difficile, s'adresse au recteur de Paris ; le mémoire qu'il présente au bureau, le 22 septembre 1762, est violent : « Nous n'aurons plus à gémir sur les misères, dont les jésuites ont occupé notre jeunesse... Heureuse révolution ! d'abord plus de moines... Tout religieux imbu des règles et institutions monacales est peu propre à former le cœur et l'esprit d'un citoyen... » Ce langage a lieu de surprendre de la part d'un élève des pères ; ce n'est pas ainsi que le conventionnel Grégoire, le lauréat de la Société royale des lettres et arts de Metz, parlait de ses anciens maîtres. En dépit du parlement et de Rœderer, l'essai ne fut pas heureux ; le principal, l'économe, le préfet des études, les 6 régents reçoivent de la ville une large subvention ; le budget s'élève à 17,405 liv., il y a 150 liv. pour le correcteur des classes ; mais la confiance ne se commande pas, les écoliers font défaut ; en 1767, le collège est désert. Cette fois, la ville

réclame ses prérogatives; elle confie la direction de
son collège aux bénédictins de Saint-Symphorien,
dont les écoles avaient une juste célébrité. Les programmes et les règlements arrêtés de concert par
le bureau, les délégués des trois ordres et les religieux de Saint-Benoît, sont, à peu de chose près,
les mêmes que ceux des PP. jésuites. La prospérité
renaît, les élèves sont nombreux; en 1781, on joue
« *La Mort de César,* tragédie de M. de Voltaire »;
on l'avait, je pense, modifiée pour une représentation de collège. L'Almanach de 1789 donne le nom
des 12 pères chargés de la direction et des classes
de la 6e à la physique inclusivement; le prieur,
Dom Taboullot, est un savant distingué; les élèves
de philosophie suivent les cours de mathématiques
adoptés par le corps royal de l'artillerie. Le bureau
d'administration se compose : de l'évêque, président, du premier président du parlement, du procureur général, du maître échevin, de M. Camus,
premier échevin, de MM. Rœderer, avocat, Aube-
ron, commissaire des guerres, de Dom Collete,
principal, de MM. Mathieu, notaire, secrétaire,
Thiébaut, économe.

1669. Le collège royal de Saint-Louis, dirigé par
les chanoines réguliers, autrefois chargés de desser-
vir la paroisse Saint-Simon et d'entretenir 12 fils
de gentilshommes, est agrégé à l'Université de
Nancy. Il occupe « une maison dégagée, bien aérée,
entourée de places et de promenades agréables ».

On y reçoit, en pension, des enfants de bonnes mœurs et de familles honnêtes, pourvu qu'ils sachent lire et écrire suffisamment. Il y a dans ce collège deux sections bien distinctes; dans l'une, on suit, pour les études latines, de la 6e à la physique inclusivement, les programmes anciens; dans l'autre, on s'occupe spécialement des études exclusivement françaises. On y enseigne la grammaire, l'histoire, la géographie et les mathématiques; c'est le premier essai de ce que l'on appelle aujourd'hui l'enseignement secondaire spécial. En 1755, le roi avait accordé au collège les biens et les revenus de l'abbaye de Saint-Pierremont.

Écoles des frères de la Doctrine chrétienne.

1747. Installation des frères, sous le double patronage des officiers municipaux et du clergé. Leur principale maison est située dans la rue des Trinitaires. On conserve, aux archives de la ville (Portf. 365) « un mémoire sur l'établissement solide des frères des écoles chrétiennes dans la ville ». Aucune protestation ni de la part de l'écolâtre, ni des magistrats, ni des maîtres écrivains qui, à Paris (1705), insultent les frères des écoles charitables de Saint-Sulpice, chassent violemment les enfants dont les haillons n'attestent pas l'indigence et emportent le mobilier scolaire.

École gratuite de dessin.

1750. École d'enseignement gratuit du dessin fondée par la municipalité, qui choisit les maîtres et les rétribue.

Écoles juives.

950. Au x⁰ siècle, la communauté israélite jouit, à Metz, d'une certaine liberté; l'évêque témoigne une bienveillance particulière aux rabbins, avec lesquels Jean de Vandières et Sigebert de Gemblour entretiennent d'utiles relations scientifiques. Il y a rue Jurue et plus tard au quartier Saint-Ferréol, une synagogue, un hospice, une école, une imprimerie. — 1604. Une ordonnance et un règlement du 7 avril, confirmés et modifiés par un arrêt du Parlement, le 25 mai 1634, déterminent les conditions de leur existence: « ils bailleront et mettront au greffe de la cour un rôle de leur nombre et noms de l'un et de l'autre sexe... Et d'année en année, un état des enfans et de leurs noms... Ils pourront juger entre eux pour choses de leur religion ou police particulière. » En 1632, on compte 96 familles juives, en 1790, il y en a 3,000. — 1634. Dans un mémoire au roi, au sujet des écoles réformées, l'évêque reconnaît qu'il est juste et convenable « que les juifs continuent à tenir des écoles spéciales, car ils ne pourroient, dans les écoles

chrétiennes, apprendre ni leur langue, ni les principes de leur religion ». — 1742. Les chefs de la communauté, en exécution des lettres patentes du roi, du 20 août, rédigent, en français, un recueil des lois, coutumes, usages observés par les juifs de Metz. Le jurisconsulte M. Lançon en fait un extrait dont le manuscrit est conservé à la bibliothèque de la ville. — 1754. On publie un almanach en hébreu. — 1765. Moyse May imprime un commentaire du Talmud et des livres pour l'instruction de la jeunesse et l'exercice du culte. — 1775. Des lettres patentes du 4 juin confirment leur droit d'avoir une imprimerie. En réalité, la situation des juifs est meilleure, à Metz, qu'en Lorraine; en 1785, la Société royale des sciences et arts met au concours la question suivante : « Y a-t-il des moyens de rendre les juifs plus utiles et plus heureux? » Le programme détaillé, que j'ai lu à la bibliothèque de la ville, soulève les problèmes les plus graves. Trois concurrents présentent des mémoires; le 1er est d'un avocat au Parlement de Nancy, le 2e d'un juif polonais, avec cette devise: « *Veniam pro laude peto* », le 3e de l'abbé Grégoire, curé d'Emberménil. Ce travail, que j'ai analysé, comprend 27 chapitres et des notes très curieuses sur l'établissement et la condition des juifs à Metz; je possède le manuscrit du célèbre abbé, dont le mémoire fut couronné le 25 août 1788.

Écoles protestantes.

De 1530 à 1685, les réformés ont des ministres, un temple, des écoles, un collège, une imprimerie. — 1542. On leur concède la chapelle Saint-Nicolas du Neufbourg. — 1544. Par ordre de l'empereur, un huchement imprimé en placards, porte défense « sur peine de 10 liv., de tenir escoles particulières, soit pour enfans ou autres à plus grand aige, sans le congé et licence de justice et qu'ils soient connus et déclarés par les dits Seigneurs de justice ou ceux qu'ils commettront idoines, suffisans et qualifiés pour ce faire ». — 1546. Un cry public, devant la grande église, défend de débiter aucun livre d'hérésie; ce qui n'empêche ni les progrès ni le développement des réformés. — En 1576, 22 juillet, ils inaugurent, avec solennité, un temple et une école dans la rue de la Chèvre. — 1630. Leur collège est parfaitement organisé; on y enseigne « les lettres humaines, avec toute leur étendue de poésie, de rhétorique, ainsi que la logique »; on y joue des comédies et des drames, « comme chez les PP. Jésuites »; on y tient assemblées; il y a plus de 60 écoliers. Les classes sont réparties, en divers quartiers, dans des maisons spéciales. — 1634, 9 novembre. Un arrêt prononce la suppression du collège, les religionnaires protestent, ils adressent une supplique au roy : « Ils n'ont fait que se conformer aux

édits de pacification ; le sieur de Madaure ne
s'est pas contenté de faire signifier deffenses aux
pédagogues, qui enseignent le latin , même aux
maîtres d'école qui montrent seulement à lire et à
écrire... Les juifs peuvent en toute liberté faire instruire leurs enfans en leur religion et aux langues
étrangères par des pédagogues qu'ils choisissent...
Il n'y a pas de collège protestant mais seulement
des écoles séparées, en maisons particulières, fort
éloignées les unes des autres, ils n'ont jamais plus
de 25 ou 30 écoliers, qui apprennent la langue latine et les éléments de la langue grecque ; pour ce qui
est des filles, elles vont ès petites écoles pour apprendre à lire, à écrire et coudre le linge et travailler
ès tapisseries. »

En attendant, ils continuent leur enseignement ;
le principal a sous ses ordres quatre régents : Paul
Ferry, Henry de Vigneulles, David de Saint-Aubin,
Jacques de Conet ; les écoliers sont plus nombreux,
on en compte 80. L'évêque obtient de l'assemblée
des trois ordres une nouvelle réclamation ; il rédige
lui-même un rapport que le P. Rose porte au roi.
Dans ce rapport il réfute, article par article, le
mémoire des religionnaires : « les écoles sont séparées, pour d'autant mieux cacher leur entreprise
contre les édits... elles sont subordonnées... on doit
passer et monter de l'une dans l'autre... Elles ont
un principal ou intendant, qui les visite... Le nombre des écoliers monte jusqu'à 83 au moins, ce qui

est considérable, puisque les jésuites établis, depuis
13 ans, n'en ont jamais eu plus de 140, dont 15 ou
18 huguenots, des meilleures familles. » Une ordonnance royale, notifiée par arrêt du Parlement,
oblige les réformés à fermer leur collège et à envoyer leurs enfants au collège catholique, où les
droits de la conscience sont garantis. Un ministre
nommé par le roi donnera l'enseignement religieux
et la ville, en s'engageant à payer le traitement
d'un régent de philosophie, stipule expressément
que les écoliers des deux cultes seront admis à ses
leçons.

1664, 27 mars. Paul Ferry, le plus ancien des
pasteurs, inaugure, en un lieu dit du retranchement
de Guise, un temple et une maison, pour la tenue
du consistoire. Ce Paul Ferry, qui a dirigé le collège, n'a certainement pas négligé l'instruction des
enfants réunis auprès de ce temple; le chiffre des
réformés était environ du tiers de la population. —
1683, 19 mars. Ce jour-là, à 5 heures après midi,
les ministres et les anciens reçoivent, dans la salle
du consistoire, l'intendant, le grand vicaire, le
commissaire des guerres, le maître échevin. Par
ordre du roy, on donne lecture des lettres circulaires du clergé de France (1682, 5 juillet), au consistoire de l'Église réformée de Metz. L'attitude et les
paroles du ministre sont respectueuses, dignes et
nobles. « Nous enseignons tous les jours, dit Joseph
Ancillon, ces paroles de saint Pierre : Craignez

Dieu, honorez le roy... Nous entendons Jésus notre divin Sauveur, qui nous enjoint de rendre à Dieu ce qui est à Dieu, à César ce qui est à César... Nous savons, Monseigneur l'Intendant, quel est votre mérite, quelle est votre dignité, quelles sont vos éminentes qualités... Nous avons beaucoup de respect pour MM. du clergé, ils sont l'une des plus considérables parties de l'État... Nous avons pour M. le grand vicaire toute la considération due à une personne que le mérite a élevée aux dignités... et qui a été choisie par un prélat illustre par sa naissance, ses hauts emplois, ses excellents ouvrages... Mais, en ce qui touche la religion, nous croyons qu'ils sont assez équitables pour reconnaître que nous sommes d'une autre communion... ils n'ont point d'autorité sur nous... Nous aurons toujours une fidélité inviolable au service de Sa Majesté... Toujours prêts de sacrifier nos biens et nos vies pour sa gloire... Nous espérons qu'il nous continuera l'exercice de notre religion et la liberté de nos consciences. Icy, M. l'intendant se leva de son fauteuil et salua toute la compagnie ; M. Ancillon l'accompagna jusqu'à son carrosse et MM. ses collègues et les anciens accompagnèrent M. le maître échevin, M. le grand vicaire et M. le commissaire des troupes. »

En 1685, l'article 7 de l'édit ferme le collège et les écoles des réformés.

La monarchie supprime les écoles protestantes ; je ne la justifie pas, mais elle conserve, elle for-

tifie les autres. En 1793, la faction jacobine n'é-
pargne rien ; elle frappe, elle détruit. Je constate
avec douleur la décadence et la ruine de ces institutions scolaires la plupart florissantes qui sont,
en 1789, l'une des gloires de la noble cité (¹).

Thiaucourt.

1702. 140 habitants. « Le roy est seul seigneur. »
ville et prévôté qui comprend 14 villages. — 1750.
300 habitants environ. 250 maisons.

1129. Abbaye de Saint-Benoît.

1650. Capucins. — 1718. Nicolas Vertueux
régent d'écoles. 340 livres et les écolages (C. 2,217).
— 1750, 21 mai. Le provicaire du diocèse écrit au
curé administrateur : « Monsieur, vous avertirrez
incessament la communauté de Thiaucourt de faire
choix d'un nouveau régent d'école, parce que je retire à l'ancien tous ses pouvoirs ; surtout qu'on me
présente un sujet convenable, à qui je puisse donner
les pouvoirs nécessaires. Vous lirez cette lettre à
votre régent d'école actuel, à qui il vous est défendu
d'en laisser faire aucune fonction. Si votre communauté ne se met pas en règle à cet égard incessam-
ment, j'y pourvoirai. J'ai l'honneur d'être très parfaitement, Monsieur, votre très humble et obéissant

---

(¹) Je réserve pour mon *Histoire des écoles pendant la Révolution,* les documents que m'ont fournis les archives du département de Lorraine, celles de la municipalité et nos Archives nationales.

serviteur. » Le 25 mai, la chambre de l'hôtel de ville s'assemble au sujet de cette interdiction : « Elle a résolu de se pourvoir auprès des supérieurs ecclésiastiques pour les supplier de lever cet interdit, attendu qu'il est impossible de trouver actuellement un maître d'école convenable. » Vertueux a rendu à la ville des services, depuis plus de 30 ans ; il n'y a aucune plainte contre lui, il jouit de l'estime publique ; le nombre des écoliers est considérable, leur éducation ne peut être suspendue ; on prie M. l'administrateur de joindre une lettre aux présentes pour demander par provision la levée de l'interdit, auquel d'ailleurs Vertueux se conformera jusqu'à nouvel ordre. Mandé en la chambre, le maître d'école déclare que dorénavant il se soumettra à obéir en tout point à M. l'administrateur, pourvu qu'il veuille bien s'intéresser pour obtenir la levée de l'interdit ; l'administrateur présent y consent. — 26 mai : la chambre s'assemble de nouveau : François Rouyer, avocat en la cour, substitut en la prévôté et procureur syndic en l'hôtel de ville, remontre que la révocation du maître d'école met la ville dans la nécessité d'en choisir un nouveau, mais que ce même jour, lundi, les partisans de l'ancien maître ont présenté une longue requête, signée par les principaux et notables bourgeois : « les longs et importants services de Nicolas Vertueux semblaient mériter une récompense ; ils sont tous alarmés d'une interdiction qui ne peut provenir que des plaintes de quelques ennemis du bien public; ils demandent à être convoqués pour délibérer à ce sujet et y être pourvu ce que de raison... Ils taxent les procédés de l'autorité ecclésiastique de précipitation... Et les officiers de l'hôtel de ville de partialité ou d'inattention sur le bien public... » Pendant que, sur l'invitation du prévôt, les officiers se concilient sur le parti à prendre, « la plus grande partie de ceux qui ont souscrit la requête sont entrés subitement en la salle de l'auditoire où la chambre délibérait, et lui ont demandé, par la bouche de M. Harmand le jeune, si l'on faisait droit à leurs réclamations ». Le prévôt répond que la chambre trouve la requête irrégulière et prématurée, que cependant elle cherchera les moyens d'engager les supérieurs ecclésiastiques à suspendre l'interdit... «'Dans ces entrefaites, est arrivé l'administrateur, que la chambre avoit fait prudemment prier de venir... Alors toutes les vues de cette assemblée se sont tournées vers lui pour lui reprocher tumultueusement d'être l'auteur de cet interdit... Un nouveau venu devoit avoir honte de faire expulser un ancien serviteur, dont on étoit content... » L'administrateur représente, avec modération, qu'il n'est pas l'auteur principal. « S'il y a coopéré, c'est pour le bien de la jeunesse, qu'il souffre de sentir' entre les mains du maître d'école qui ne convient plus... Il voit même dans l'assemblée plusieurs personnes qui lui ont porté plaintes contre le maître. »

Rien ne peut calmer les esprits, M. Picquant, avocat, propose de chasser le nouveau venu et de conserver le maître d'école qui est ancien, « que l'on interdise l'église, on pourra bien se passer de messe, mais pas de maître d'école… Enfin, le sieur administrateur fut obligé d'essayer de toutes parts d'autres discours et invectives, qui indignèrent même plusieurs gendarmes de la garnison, que le bruit avoit attirés. » Picquant, s'adressant aux officiers, leur dit qu'il fallait « ordonner tout prestement au maître de tenir son école, sauf à l'administrateur de choisir tel chantre qu'il jugera à propos pour dire ses chansons… Se pourvoir ensuite directement à Trèves, par appel de cet interdit de la chambre épiscopale, qui, par sa précipitation, ne mérite pas que l'on s'adresse à elle… Si l'hôtel de ville ne veut prendre ce party, chacun de ceux qui ont signé la requête poursuivront l'affaire à leurs frais… Le tumulte, la fougue et le désordre étoient si grands que les officiers de l'hôtel de ville ne furent pas maîtres d'en arrêter l'impétuosité, et la voix du remontrant fut étouffée. Mais aujourd'hui tout paroît calmé. » En effet, la tempête s'apaisa; Nic. Vertueux continua provisoirement ses fonctions, du moins il ne fut pas officiellement remplacé avant le 25 décembre de cette même année. Le 4 août 1750, un traité intervient entre Jean Franc, régent d'école et chantre d'Onville et la communauté; l'administrateur a vu et examiné les certificats de vertu, conduite et capa-

cité du nouveau maître, qui s'engage à servir de
chantre et régent d'école, pour une année, à com-
mencer au 25 décembre. Il tiendra école soir et matin, pendant toute l'année; il enseignera les garçons séparément, sans pouvoir mêler l'un et l'autre
sexe... Pour cet effet, sa fille Ursule-Catherine
tiendra l'école des filles, conjointement avec sa mère.
L'école sera ouverte à 6 heures du matin, en toutes
saisons, et à 1 heure de relevée, pour finir le matin
à 10 heures et le soir à 4 heures, à la réserve du
temps des vendanges... Il conduira ses écoliers et
ses écolières à la messe de paroisse, deux à deux,
en bon ordre, sans mélange de sexe, pour y être
placés dans les bancs et ensuite les congédiera en bon
ordre... Il fera les prières du soir pendant le mois
de mai, deux catéchismes par semaine, il enseignera aux enfants à servir la messe, à lire, à écrire,
l'orthographe, l'arithmétique et la religion... Il assis-
tera à tous les offices; il accompagnera, de nuit et
de jour, le curé et ses vicaires lorsqu'ils portent les
sacremens aux malades... Pour rétribution desdites
charges, la ville s'oblige de lui délivrer annuellement, en deux termes égaux et par avance la somme
de 150 livres payée par le receveur de l'hôtel de
ville sur les mandemens donnés par la chambre; il
recevra, pour écolage, 4 sous par mois de chaque
écolier pour l'alphabet et psautier, 5 sous de chaque
écrivain aussi et pour l'orthographe; il jouira de la
franchise de toutes impositions, même de la subven-

tion ponts et chaussées; il percevra, chaque premier jour de l'an, pour le droit d'eau bénite, la rétribution ordinaire de 8ˢ,6ᵈ par chaque ménage,.. Au moyen de cette rétribution, il sera tenu d'enseigner gratis 20 écoliers pauvres de la paroisse. — 1768. « Ce jour-d'hui, vingtième may, l'état de maître des écoles et chantre aiant été mis au concours, lequel ensuite d'affiches s'est ouvert le 17 de ce mois, et Jean-Claude Cointet, régent des écoles à Wandelain-ville, aiant, après l'examen réuni tous les suffrages sur tous les concurrens, la chambre assemblée luy a passé traité et arrêté les conventions qui suivent, savoir: Cointet, qui a produit à M. Gauché, admi-nistrateur, aux officiers de police et aux autres exa-minateurs, de bons certificats de sa vertu, conduite et capacité, s'est engagé de servir pendant une année, qui commencera aux premières vêpres de Noël prochain ; il tiendra école de 6 heures du matin, en été, de 7 heures en hiver, jusqu'à 10 heures et à 1 heure de relevée pour finir à 4 heures en hiver, à 5 heures en été, hors le temps des va-cances, qui commencera au 1ᵉʳ octobre et finira à la Toussaint. Mêmes prescriptions pour les offices que dans les précédents traités, avec cette modifica-tion, il fera marcher ses élèves en bon ordre, avec modestie, et les fera placer suivant leur classe et leurs progrès... Il instruira les écoliers qui marque-ront des dispositions pour le chant, il fera observer le silence, à l'église, avec la fermeté convenable, il punira avec sévérité toutes les irrévérences... Il maintiendra le même ordre dans l'école, en employant la douceur et la sévérité et même les châtimens, quand il sera nécessaire... Il inspirera aux enfans des sentimens de religion et de politesse, il aura également à cœur de former leurs mœurs et de les instruire ; il n'accordera aucuns congés ni permissions de sortir de l'école, que pour de bonnes considérations et dans le cas où les parens le demanderont... » Rien n'est changé ni aux programmes de l'enseignement ni aux privilèges et rétributions.

1770. École spéciale de filles. Amortissement pour l'école de charité des filles pauvres. — 1790. Charles François, Anne Husson, an II. « Instituteur, néant. Il y avait un instituteur, mais sa manière de corriger les enfans n'a pas plu aux pères et mères, il s'est retiré. Il n'y a qu'une institutrice... Anne Chausson, le 22 germinial an II ; elle produit le certificat ci-après : Je soussigné, professeur au collège de Pont-à-Mousson, commissaire du Directoire de district pour examiner... la citoyenne Anne Chausson, déclare lui avoir fait faire seulement une lecture, attendu qu'elle était indisposée de la main, à raison de son voyage, n'en paraît pas moins en état de tenir une école primaire, vu surtout qu'elle jouit de la confiance des citoyens de la résidence depuis fort longtemps. » Tous les citoyens ont fait inscrire leurs enfants, il y a 78 garçons et 76 filles. Le traitement, d'après les bases fixées par la loi, est de 1,560 livres pour le maître, de 1,140 livres pour la maîtresse. — An III, 9 brumaire. Bayard s'inscrit pour être instituteur, on l'envoie au district pour y subir l'examen.

Les registres sont bien conservés, l'écriture est fort lisible, la moyenne des conjoints et des témoins qui ont signé aux actes de mariage prouve la sollicitude des officiers de l'hôtel de ville pour l'instruction :

1730 à 1740	51	39	32	279 témoins sur 311 ont signé.			
1750 à 1760	83	60	47	»	»	»	»
1760 à 1770	61	57	47	426	—	470	—
1789 à 1795	57	54	48	319	—	319	—
1820 à 1830	109	109	108	803	—	804	—

Nomeny.

1700. — 260 habitants. — 1516. Couvent des Minimes. — 1574. Maison-Dieu. — 1628, 22 juillet. « Il y a aussi un couvent de religieuses de la Congrégation, fondé par Marguerite de Gonzague ; elles sont chargées d'instruire les jeunes filles suivant les règles de leur institut, ce qu'elles sont obligées de faire gratuitement. » (B. 297.) — 1690, 25 octobre. Un acte de baptême signale François Pogin, régent d'école, comme parrain ; à partir de cette date, on peut établir la série des régents dans l'ordre ci-après : 1690-1699. François Pogin. — 1699-1712. Raymond Claude. — 1712-1720. Jules Georges. — 1720-1732. François Bievelot. — 1732-1736. Marchand. — 1736-1745. François Bievelot. — 1745-1750. Jean-Baptiste Poirot. — 1750-1752.

Rindemouse. — 1750-1765, Léopold Renard. —
1765-1790, Jules Michaud. — 1790 au 26 germinal an X, François Henriot. — 28 vendémiaire
an V, 11 brumaire an VII, Antoine Cuisset. —
21 germinal an VII à 1807, E. Veltin. — 1807-
1834, E. Jacob. J'ai eu sous les yeux les signatures de ces maîtres, la plupart sont très remarquables ; ils rédigeaient le plus souvent les actes,
ils délivraient quittances. « Je soussigné chantre
et régent d'école, confesse avoir reçu des mains des
sieurs Philippe et Bonjour, sindicqs de la présente
année, la somme de quatre-vingt-quinze francs
barrois, sçavoir: soixante et quinze francs pour mes
gages en ladite qualité et vingt francs pour la conduite de l'horloge, le tout de terme échu au jour de
Noël dernier. Le dernier jour du mois de décembre
mil sept cent six. Bon pour quatre-vingt-quinze
francs barrois. Raymond ». — 26 juin 1736, François Bievelot, chantre et régent d'école donne quittance. « Je soussigné, connois et confesse avoir reçu
la somme de cent cinquante francs barrois, pour la
moitié de mes gages échus à la Saint-Jean de cette
présente année du sieur Thouvenin receveur des deniers d'octroyes de ladite ville. » — 25 décembre de
la même année, François Bievelot. « Je soussigné,
connois avoir reçu du sieur Thouvenin, receveur de
cette ville, la somme cent cinquante francs restans de
mon année échue aujourd'hui, dont je me tiens con-
tente. » Le traitement fixe était de 300 francs aux-

quels il fallait joindre des accessoires, horloges, rétributions, avantages divers. Les archives communales, bien conservées de 1667 à 1882, permettent de fixer la condition des maîtres. Voici la copie textuelle d'un traité accepté par Léopold Renard, ci-devant greffier de la ville d'Épinal. « Ce jourd'huy, 26 janvier 1754, les officiers de l'hôtel de ville assemblés à la manière ordinaire et accoutumée, ensemble les notables pour sçavoir si l'on continuera le sieur Renard pour régent d'école, tant pour enseigner à lire et écrire, l'orthographe, l'arithmétique et le latin, et sur quel pied on traiterait avec luy, après oüy ledit sieur Renard qui a représenté qu'il ne luy étoit pas possible de continuer le traité de l'année dernière, à cause de la cherté des vivres; l'affaire mise en délibération, il a été arrêté qu'il continuera d'enseigner les enfans ainsy qu'il s'y est engagé, le 6 mars 1753, à la réserve qu'il ne sera pas obligé de fournir un chantre, lequel demeurera à la charge de la ville et pour rétribution il luy sera payé pour l'instruction des enfans pauvres, 30 livres dues par l'hôpital, 160 livres pour forme de gages, en deux termes égaux, par le receveur de la ville, le premier à la Saint-Remy, le second à la Purification, outre un demy arpent de bois... Les parens payeront par mois, sçavoir : pour les enfans à qui il apprendra l'*A B C* 8 sols... à lire et à écrire 10 sols... à lire, à écrire, l'orthographe et l'arithmétique 16 sols et pour les

latinistes 45 sols par mois. Avec défenses à toutes
personnes d'envoyer ny faire apprendre leurs enfans par d'autres.., Ny à tout autre que luy de
tenir école, ny d'enseigner à peine de vingt-cinq
francs d'amende applicables au pain des pauvres.
Et contre ceux qui feront enseigner leurs enfans
par d'autres de payer l'écollage audit sieur Renard,
comme s'il les avoit enseignés. Jouira en outre de
l'exemption et privilèges dont les anciens régens
ont joui. S'oblige aussy ledit Renard de se conformer aux statuts du diocèse et par grâce spéciale
et pour cette fois seulement, il a été arrêté qu'il lui
sera délivré 15 sols pour l'indemniser des voyages
qu'il a faits et frais de voiture pour ses meubles,
ce qui a été accepté par ce dernier. » L'acte est
revêtu de 7 belles signatures.

En 1769, le traitement fixe est de 200 livres; en
1785, de 220 livres. Le 27 juin 1790, Michaud
expose à la municipalité ses longs services, les
sacrifices qu'il a faits, les progrès de ses élèves,
dont plusieurs sont prêtres; il demande une gratification; le Conseil lui accorde un louis d'or. Le
27 juillet 1790, François Henriot, régent d'école en
la ville de Metz, entre en fonctions; il avait, le
15 décembre 1789, signé un traité, avec « messieurs
du Comité assemblés à leur audience ordinaire » :
il se conformera au programme de l'enseignement;
à l'issue de l'école, il conduira ses enfants à l'église
pour y réciter l'antienne de la Vierge convenable

aux temps. Il recevra annuellement : 270 livres pour gage, un arpent de bois, une portion dans les pâquis, il sera exempt de toutes impositions et corvées, avec la réserve que nul autre n'aura le droit d'enseigner publiquement à son préjudice ; il touchera 90 livres pour instruire 30 enfants pauvres désignés par les officiers municipaux, il tirera par mois 3^l, 2^s de chaque écolier qui apprendra le latin, 16 sols de ceux à qui il enseignera à lire, écrire, l'orthographe et l'arithmétique, 12 sols et 10 sols seulement pour les classes inférieures.

1792, 18 septembre. Henriot prête le serment civique. Les sœurs de la Congrégation le refusent toutes. La municipalité décide que, « vu la nécessité d'instruire les enfans et le défaut de maîtresses, les sœurs provisoirement tiendront l'école. » — An II. 7 ventôse. Nouvelle injonction aux religieuses ; Anne Mathieu et Cécile Louis se résignent à prêter le serment, les sept autres et quatre converses persistent dans leur refus ; elles sont incarcérées à Pont-à-Mousson. — 21 ventôse. L'agent national ordonne d'organiser l'enseignement primaire conformément aux prescriptions de la loi de frimaire. Désigné par la municipalité, qui fait son éloge, Henriot consent à enseigner l'orthographe, la lecture, l'écriture, l'arithmétique, la morale civique et la Constitution ; il s'engage à ne rien enseigner de contraire aux lois républicaines. — 22 ventôse. Cécile Poirel et Henriot, présentés à l'agent national, passent l'exa-

men à Pont-à-Mousson; ils sont déclarés capables et
s'installent dans la maison « cy-devant presbyté-
rale, qui est grande, commode et avec un jardin ».
Extrait des registres. « Ce jourd'hui 12 germinal
an II... la citoyenne Cécile Poirel a reçu une commission pour exercer à Nomeny les fonctions d'institutrice, après avoir subi l'examen par-devant les
instituteurs du collège national de Pont-à-Mousson,
à charge de se retirer par-devant le Conseil général
de la commune pour y prêter le serment requis. »
Notes de l'inspection du 7 prairial : « 60 garçons,
61 filles, les enfans fréquentent assidûment l'école,
à la réserve de quelques-uns utiles aux ouvrages de
la campagne. » — 12 prairial. A la fête de la divi-
nité, 12 jeunes garçons et 12 jeunes filles amenés par
l'instituteur et par l'institutrice chantent des chœurs
durant la cérémonie. L'agent national ordonne que
les élèves soient conduits au temple aux jours de
fête. La distribution des prix est ajournée à cause
des vendanges. — An III. 23 brumaire. L'adresse
de la Convention au peuple français est lue dans
les écoles. — 23 germinal. Le vicaire François, qui
a prêté serment, rétablit le culte dans une maison
privée. Un jésuite insermenté appelé par son pa-
rent, le citoyen Hilaire, est placé sous la surveillance du conseil.

7 floréal. Henriot prête serment de fidélité à la nation et aux lois républicaines, en présence du Conseil général de la commune. — 25 fructidor. Cinq

des religieuses incarcérées prêtent serment et sont rendues à la liberté. — An IV. 18 brumaire. La loi du 3 brumaire modifie la situation de l'instituteur : l'État ne paye plus le traitement ; la veuve Poirel donne sa démission, les deux sexes sont réunis dans l'école de Hemiot, qui meurt le 26 germinal. Sa veuve demande le payement de ce qui lui était dû ; le Conseil règle son compte, il avait 63 élèves, pour chacun desquels il recevait 20 livres par an, on lui accorde 735 livres pour 7 mois. — An V. 28 vendémiaire. Antoine Cuisset, déclaré capable par le jury, est nommé instituteur, sur la présentation du Conseil général de la commune. Aux termes d'un traité en date du 13 brumaire, il enseignera à lire, écrire, l'orthographe, l'arithmétique... la morale ordonnée par les lois de la République... Il tiendra école tous les jours, de 8 heures à 11 heures, de 1 heure à 4 en hiver, de 7 heures à 10 heures, de 1 heure à 4 en été... Il recevra des parens, 3 livres par mois pour le latin, 20 sols pour lire, écrire, orthographe et arithmétique, 15 sols pour lire, écrire et orthographe, 12 sols pour la lecture, 90 francs de l'hôpital pour rétribution de 30 indigents : il sera exempt de toute corvée et logé dans le presbytère.

An VII. 11 brumaire. Cuisset donne sa démission. — 21 germinal. Louis Veltin, ex-instituteur à Rhodes, déclaré capable par le jury de Sarrebourg, est nommé instituteur. Les conditions des traités

sont les mêmes qu'en l'an V; cependant il n'est
plus logé au presbytère, il occupe une maison louée
par la commune. — 1807, Louis Jacob, instituteur
à Tincry, remplace Louis Veltin. Il continue ses
fonctions jusqu'en 1834. Les conditions de tous ses
traités sont à peu près les mêmes que celles de l'an
VII; on peut affirmer que sa position, au point de
vue des émoluments, ne valait pas mieux que celle
de François Henriot en 1789.

De l'an IV à l'an XII, l'école est mixte, mais
cinq des religieuses rentrées à Nomeny dès l'an III
donnaient certainement l'instruction aux jeunes filles, soit chez elles, soit dans leur famille. — Le
1ᵉʳ brumaire an XII, la municipalité fait choix de
Anne Fristot comme institutrice; en 1809, on lui
adjoint une compagne. Anne Fristot appartenait à
la congrégation de la Doctrine chrétienne, dont les
religieuses dirigent encore aujourd'hui l'école. Les
conditions de leur traité sont à peu près les mêmes
que celles du traité de l'instituteur.

Les registres, à partir de 1605, sont généralement
bien tenus; l'écriture, avant 1700, se rapproche de
l'écriture allemande; de 1700 à 1789, elle est fort
lisible; il y a des signatures d'une calligraphie
parfaite. Depuis 1789, on retrouve l'écriture française, qui est quelquefois d'une belle exécution.

(1720 à 1730) 89 — 54 — 28 — 153 sign.,
168 cr. — (1750 à 1760) 101 — 80 — 45 — 703
sign., 144 cr. — (1761 à 1770) 86 — 61 — 42 —

584 sign., 108 cr. — (1789) 18 — 15 — 13. —
(1810-1820) 92 — 79 — 68 — 748 sign., 94 cr.

Résumé et conclusion.

De Charlemagne à la Réforme, les hautes écoles
sont nombreuses, fréquentées, célèbres ; des maîtres
illustres y attirent des écoliers de tous pays, de
toute condition. L'école cathédrale conserve le pri-
vilège de l'enseignement normal du chant grégorien ; les écoles monastiques d'hommes et de femmes,
les collèges, les pédagogies, les petites écoles de
paroisse, celles des maîtres écrivains, des bons enfants, des maisons-Dieu donnent à tous les degrés
et dans toutes les parties de ce vaste diocèse une
éducation, qui développe le sentiment et le goût
des choses de l'esprit. Il y a des bibliothèques, des
imprimeries ; on se passionne pour les représentations du théâtre, pour les questions religieuses ; on
forme des assemblées, des conventicules sur les
places publiques, dans les cimetières... Les vigne-
rons, les artisans, les femmelettes, disent les chro-
niqueurs, font entre eux de la controverse ; ils
lisent les livres sacrés, en langue vulgaire... ils
discutent les dogmes de la foi et en disputent publiquement.

De la Réforme à 1789, le mouvement s'accentue,
le progrès s'affirme dans les villages, dans les villes,
à Metz surtout. Les séminaires, les collèges, l'ins-

titut préparatoire à l'école d'artillerie, l'école militaire, les écoles et les pensionnats de garçons et de filles, l'école d'enseignement gratuit du dessin présentent, en 1789, un merveilleux ensemble de moyens d'éducation professionnelle, intellectuelle, morale et religieuse.

Dix ans plus tard, la situation scolaire est déplorable; je l'ai constaté avec une douloureuse certitude ([1]) : la Révolution a détruit les traditions nationales, elle a proscrit les saines doctrines, elle a entraîné la ruine des écoles dans ce vaste diocèse et dans cette noble ville de Metz, qui fut l'une des gloires de cette belle Académie de Nancy dont j'ai eu le triste honneur, en 1870, d'être le dernier recteur français. ≬ *Sunt lacrymæ rerum !*

([1]) Aux sources et documents à consulter, ajoutez : 1° le plan d'éducation et le projet de décret présenté à la Convention par Nicolas Hentz, député de la Moselle (1792). La doctrine jacobine y est clairement exposée : « Ce n'est pas des savants qu'il nous faut, ce sont des hommes libres, dignes de l'être... Voyez les Sans-Culottes, voyez les patriotes, sont-ce des savants? Voyez au contraire ces académiciens, ces hommes à grandes phrases, ces érudits... je vous le demande, sont-ce des républicains? » — 2° Les travaux de Rœderer, *l'un de ces académiciens,* surtout: « *Le Fouet de nos pères* », comédie historique. — *Conseil d'une Mère à sa Fille.* — Son *Rapport à l'Institut sur le Catéchisme universel* de Saint-Lambert. — Ses *Jugements sur les hommes et les choses de la Révolution.* — Sa *Chronique des 50 jours,* du 20 juin au 10 août 1792. — 3° Mon *Histoire des écoles pendant la Révolution.*

Nancy, Imp. Berger-Levrault et Cie.

www.ingramcontent.com/pod-product-compliance
Lightning Source LLC
Chambersburg PA
CBHW052130090426

42741CB00009B/2024